财务报表分析

王珮 马春爱◎主编

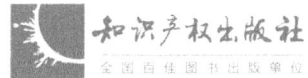

图书在版编目（CIP）数据

财务报表分析/王珮，马春爱主编. —北京：知识产权出版社，2017.1

ISBN 978-7-5130-4691-6

Ⅰ.①财… Ⅱ.①王… ②马… Ⅲ.①会计报表—会计分析—高等学校—教材 Ⅳ.①F231.5

中国版本图书馆 CIP 数据核字（2017）第 003613 号

内容提要

本教材分为基础知识准备篇、报表分析篇和案例应用篇三大部分。通过对财务报表分析理论基础和四张报表分析要点及技巧的系统阐述，全面展现报表分析的逻辑路径和方法。本教材密切关注会计准则的最新变化，强调理论与应用的结合，适合会计学、财务管理专业本科生使用。

责任编辑：黄清明　栾晓航　　　　　责任校对：谷　洋
封面设计：邵建文　　　　　　　　　　责任出版：孙婷婷

财务报表分析

王　珮　马春爱　主编

出版发行：知识产权出版社有限责任公司	网　　址：http://www.ipph.cn
社　　址：北京市海淀区西外太平庄 55 号	邮　　编：100081
责编电话：010-82000860 转 8117	责编邮箱：hqm@cnipr.com
发行电话：010-82000860 转 8101/8102	发行传真：010-82000893/82005070/82000270
印　　刷：北京中献拓方科技发展有限公司	经　　销：各大网上书店、新华书店及相关专业书店
开　　本：720mm×1000mm　1/16	印　　张：11
版　　次：2017 年 1 月第 1 版	印　　次：2017 年 1 月第 1 次印刷
字　　数：165 千字	定　　价：36.00 元
ISBN 978-7-5130-4691-6	

出版权专有　侵权必究

如有印装质量问题，本社负责调换。

目 录

第1章 财务报表分析概述 ……………………………………………… 001
    1.1 财务报表分析的起源和演进 ……………………………… 003
    1.2 财务报表分析的概念与内容 ……………………………… 003
    1.3 财务报表分析的作用 ……………………………………… 007

第2章 财务报表分析基础 ……………………………………………… 009
    2.1 制约财务报表编制的会计法规体系 ……………………… 012
    2.2 财务报表的编制基础 ……………………………………… 015
    2.3 财务报告的构成 …………………………………………… 022
    2.4 财务报表之间的逻辑关系 ………………………………… 031

第3章 财务报表分析需要的重要信息 ………………………………… 033
    3.1 上市公司信息披露制度 …………………………………… 036
    3.2 财务报表附注及主要内容 ………………………………… 040
    3.3 会计政策、会计估计及会计差错的变更 ………………… 050
    3.4 关联方关系及其交易的披露 ……………………………… 055
    3.5 资产负债表日后事项 ……………………………………… 060
    3.6 审计报告 …………………………………………………… 061

第4章 财务报表分析常用方法 ………………………………………… 068
    4.1 财务报表分析的逻辑路径 ………………………………… 072
    4.2 水平分析法 ………………………………………………… 078
    4.3 垂直分析法 ………………………………………………… 080
    4.4 比率分析法 ………………………………………………… 082
    4.5 质量分析法 ………………………………………………… 082

第 5 章 资产负债表分析 ·· 085
5.1 资产分析 ·· 087
5.2 资本结构分析 ·· 104
5.3 资产与资本结构匹配性分析 ·· 110
5.4 资产负债表粉饰及识别 ·· 112

第 6 章 利润表分析 ·· 115
6.1 企业盈利能力基本分析 ·· 117
6.2 利润表结构分析 ·· 120
6.3 盈利质量分析 ·· 125
6.4 利润表粉饰与识别 ·· 127

第 7 章 所有者权益变动表分析 ·· 131
7.1 所有者权益变动表的作用及内容 ·· 133
7.2 所有者权益变动表的结构 ·· 133
7.3 所有者权益变动的质量分析 ·· 135

第 8 章 现金流量表分析 ·· 140
8.1 现金流结构分析 ·· 142
8.2 现金净流量质量分析 ·· 144
8.3 现金流趋势分析 ·· 151
8.4 现金流量表粉饰及识别 ·· 152

第 9 章 合并报表分析 ·· 156
9.1 企业合并类型及合并范围 ·· 158
9.2 合并报表的概念 ·· 159
9.3 合并报表编制方法 ·· 161
9.4 合并报表分析方法 ·· 164

参考文献 ·· 169

第 1 章 财务报表分析概述

【预期目标】

通过本章学习,理解和掌握以下内容:(1)了解财务报表分析的起源和演进;(2)掌握财务报告的概念和含义;(3)掌握财务报表分析的主要内容;(4)了解财务报表分析的作用。

【重点与难点】

重点:财务报告的概念,财务报表信息的使用者、财务报表分析的具体内容。

难点:报表信息使用者的关注点。

【知识结构框图】

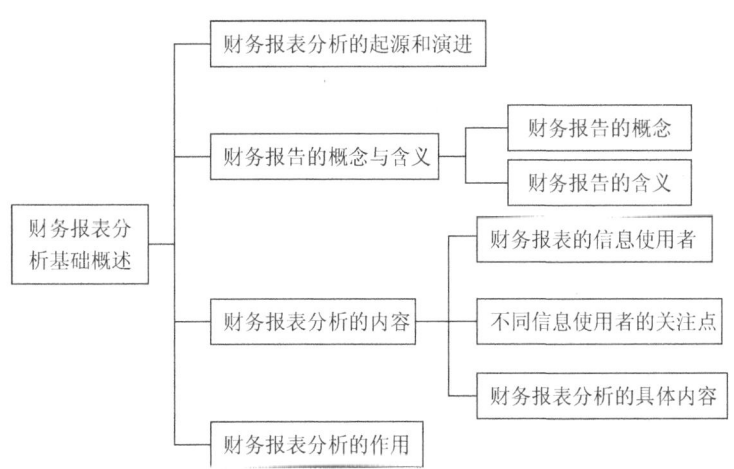

【章前引例】

截至 2016 年 4 月 30 日，沪市 1094 家上市公司与深市 1766 家上市公司已全部对外披露 2015 年年报或年报数据。面对复杂的国际国内经济形势，在经济趋势性、结构性、周期性因素的叠加影响下，我国经济增速明显放缓。受此影响，沪市上市公司整体经营运行稳中趋缓，经营规模和利润均有所下降。沪市上市公司 2015 年度共实现营业收入 22.67 万亿元，同比下降 3.93%；共实现净利润约 2.05 万亿元，同比下降 2.66%；每股收益 0.55 元，同比下降 11%。深市 1766 家上市公司实现营业总收入 68139.31 亿元，同比增长 4.69%，其中主板、中小板和创业板增长率分别为 -1.58%、11.32% 和 29.03%。整体而言，2013 至 2015 年间，深市上市公司营收规模保持稳步增长态势。以具有可比数据的公司为样本，三年间主板、中小板、创业板公司平均营业总收入分别增长 14.54%、47.95% 和 91.72%。

值得关注的是，沪市公司产业结构调整不断优化，第三产业规模与效益较第一、二产业均实现比较优势。第三产业总资产比重为 88%，远高于第一、第二产业占比。从全年业绩情况看，第三产业净利润为 1.58 万亿元，同比增长 8%，营业收入为 7.33 万亿元，同比增长 4%，净利润与营业收入的同比增长缓冲了第一、第二产业同比大幅下滑的影响，对稳定经济运行发挥了积极作用。

资料来源：人民网

请思考

1. 什么是财务报告？企业为什么要披露财务报告？
2. 财务报表有哪些信息使用者？不同信息使用者对报表信息的需求存在什么异同？
3. 财务报表分析具有什么作用？

第1章 财务报表分析概述

1.1 财务报表分析的起源和演进

财务报表分析是一门新兴的应用技术,起源于19世纪末20世纪初的美国。当时的银行家倡导通过对企业提供的资产负债表等资料进行分析来审核借款人的偿债能力,进而决定是否贷款来保障自身的债权。

早期以企业生产经营者个人信用为依据来评价企业的做法失去意义之后,银行对企业的审核逐渐从企业生产经营者的个人信用分析转为对企业自身的财务状况的分析。银行通过对企业的财务报表进行分析,并以此来判断企业的生产经营状况是否稳定以及有无偿债能力,从而产生了早期的财务报表分析。在企业报表分析的初始阶段,报表分析只是用于外部分析,即企业外部利益相关者根据各自的要求与侧重点进行分析。随着经济的发展,企业规模的不断扩大以及经营活动的日益复杂,企业在接受银行分析与咨询的过程中逐渐意识到对财务报表进行分析的重要性,由被动接受分析逐步转变为主动进行自我分析,借助于分析结果进行企业的目标规划、利润规划以及前景预测等活动,以便在激烈的市场竞争中更好地生存与发展。企业财务报表分析开始由外部分析向内部分析演变。

总之,企业财务报表分析是在外部市场环境的影响下不断发展与完善起来的。它的重要功能就是对财务报表的数据做进一步的加工、整理以及系统性的分析,从而更加清晰完整地展现出企业财务状况的全貌。通过对企业报表进行分析以掌握企业的整体经营状况已成为现代企业及社会的必然要求。

1.2 财务报表分析的概念与内容

财务报表分析有广义和狭义之分。广义的财务报表分析,其分析的对象不仅包括基本的财务报表,还包括相应的报表附注等信息,因此广义的财务报表分析也可以称为财务报告分析;而狭义的报表分析仅指对基本财务报表的分析。本书的财务报表分析是广义层面的分析。

1.2.1 财务报表分析的含义

从分析的内容来看,财务报表分析是指以企业财务报表为主要依据,对表中相关项目增减变动的原因及其内在联系进行分析,借以判断其相关项目的质量,最终对企业当前的整体财务状况、经营成果和现金流量状况做出综合的评价,以反映企业经营策略的利弊得失,并借此对企业未来的财务状况、经营成果和现金流量状况做出预测,最终为财务报表使用者的经济决策提供必要信息的一种分析活动。财务报表是对企业经营策略和财务活动的综合反映,财务报表分析则是通过透视报表数字背后的信息,来对企业真实的财务状况、经营成果及其发展趋势做出判断。

1.2.2 财务报表分析的主要内容

1.2.2.1 财务报表分析的使用者及关注点

企业财务报表包括外部和内部两类使用者,外部使用者如股东、债权人、政府等,内部信息使用者如管理层、企业员工等。由于不同使用者利益倾向的差异,在进行报表分析时必然会存在不同的侧重点与要求。

1. 企业所有者(或股东)

企业所有者或股东作为投资者将资本投入企业,会对投资回报率比较关心,因此更关注企业的盈利状况。对于具有控制权的投资者而言,其考虑更多的是如何增强企业竞争力,追求长期稳定增长的利益。而非控制权的投资者则考虑投资分红水平的稳定性。

2. 企业债权人

企业债权人为企业提供贷款并按约定获得本金及利息。因此,债权人首先关注的是其对企业贷款的安全与保障程度,这是由其不能参与企业剩余收益分配的特点决定的。故企业债权人在进行报表分析时,最关心的是企业对其本金和利息是否具有足够的偿付能力。短期债权人比较关心企业流动资产的变现速度、变现能力以及现金的获取和支付能力;而长期债权人则比较关注企业长期的获利能力、整体的负债状况、持续的现金流动性以及企业的发展前景。

3. 企业管理层

企业管理层受企业所有者的委托，负责企业的日常经营活动，对所有者投入的资本负有保值增值的责任。考虑上述因素，企业管理者必须全面掌握公司的运营能力、盈利能力、偿债能力等信息，从而才能进一步地进行战略决策，确保公司能够长期持续而稳定的发展。

4. 政府

我国国有企业的所有者即政府管理部门，除关注企业带来的社会效益之外，必然也关注企业是否具有持续稳定的盈利能力，从而能为政府带来稳定增长的财政收入。因此，政府管理部门在考核企业时，通常借助财务报表及附注考察企业资金占用的使用效率，检查企业是否存在违法违纪浪费国家财产的问题，以便于更好更有效的组织调整社会资金资源的配置。

5. 供应商

供应商在向企业赊销商品或提供劳务后即成为企业的债权人，因此供应商更关心企业能否支付价款。大多商品和劳务供应商对公司的短期偿债能力更为感兴趣，而对于与企业之间存在长期稳定供应关系的供应商来说，他们同时也对企业的长期偿债能力比较关注。

6. 竞争对手

只有充分全面的了解竞争对手的信息才能在日益激烈的竞争中立于不败之地。竞争对手通过获取公司相关的财务信息与其他信息以便更好地分析与判断企业所处的地位以及存在的竞争优势和劣势。同时，竞争对手还可以借助报表分析为企业兼并或并购决策提供信息。

7. 社会公众

一般而言，社会公众会比较关心企业社会责任履行的情况、企业就业政策、环境政策等方面的信息。

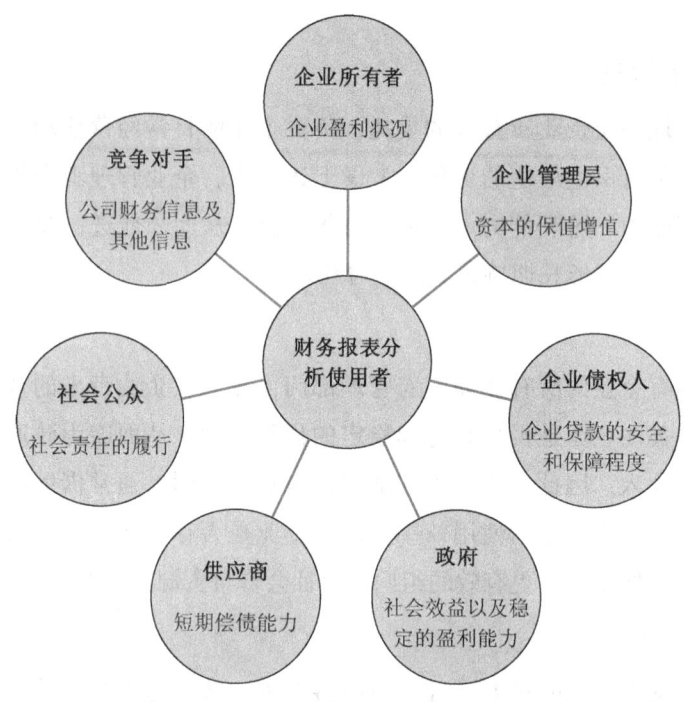

图 1-1 财务报表的信息使用者

1.2.2.2 财务报表分析的具体内容

尽管不同的报表使用者在分析财务报告时具有不同的侧重点及关注点，但是我们可以看到使用者对所获得的信息基本都是从偿债能力、营运能力以及盈利能力进行分析，只是不同的信息使用者针对不同的对象或同一对象所分析的角度、广度和深度不同。其中，偿债能力是企业财务目标得以最终实现的保障所在，营运能力是企业财务目标得以实现的物质基础，而盈利能力则是前两者共同作用的结果。同时，企业良好的盈利能力也会对其偿债能力和营运能力的提高具有相应的推动作用。总的来说，三者相辅相成，构成了传统企业财务报告分析的基本内容。

本书认为财务报表分析应至少分析以下内容：

（1）分析企业资产规模、资产结构和具体资产项目的质量，结合企业所处行业的特点及其发展方向，来判断企业所处的地位、经营策略及发展现状。

（2）分析企业资本结构，通过对企业股权结构、股东权益与贷款的结构和数量对比关系，以及企业负债与所有者权益的结构进行分析，了解企业的偿债能力、盈利能力和融资能力。

（3）分析企业的利润质量，主要对企业的核心利润的形成过程、利润结构以及利润结果等方面进行利润质量分析，借以判断企业的盈利模式、盈利能力以及未来的盈利空间。

（4）分析企业所有者权益的结构变动，了解企业所有者权益内部项目互相转化的财务效应，关注企业股权结构的变化以及公司股利的分配政策。

（5）结合财务报告中的附注及其他相关信息对企业财务状况的整体质量进行综合分析与评价，对企业的核心竞争实力、持续经营能力和综合发展实力做出综合判断并进行未来前景预测。

1.3 财务报表分析的作用

财务报表是企业经营活动的缩影，是传递会计信息的工具。但就财务报表本身而言只是未经整理的素材，大量繁杂的数据信息，往往造成信息使用者对会计信息难以把握，因此就需要对财务数据加以整理和分析，找出数据背后暗含的重要信息和经济意义，成为其制定经营决策的有用工具。

财务报表分析就是从会计报表中寻求有用的信息，从而对企业的财务状况、经营成果和现金流量进行综合评价的过程。财务报表分析通常具有以下作用：

1. 反映企业的财务状况，衡量企业的经营业绩

通过企业财务报表分析，可以了解企业的偿债能力、盈利能力以及获取现金流量的能力，并为投资者和债权人以及企业管理者进行投资、信贷和经营决策提供有用的信息。同时还可以在一定程度上反映企业管理层受托责任的履行情况。

2. 揭示企业的财务风险，判断企业未来的发展趋势

投资者在进行企业财务报表分析时往往侧重于投资风险和投资报酬的分析，投资者的投资风险主要来源于企业的财务风险，投资报酬的高低则与企

业的盈利能力、运营能力以及现金资产的流动性密切相关。与此同时，债权人对企业的财务风险也非常关注，以判断企业是否具有偿还到期本息的能力。因此，财务报表分析可以揭示企业的财务风险及程度，并为投资者或债权人做出相应的正确决策提供有用的信息。

3. 诊断企业经营情况，预测企业发展前景

企业管理者以及内部员工可以通过财务报表分析来评价企业的财务状况、经营成果以及现金流量状况，并通过与行业数据或行业先进企业数据的对比，发现企业管理中存在的遗漏和缺陷，对企业的管理实践进行诊断，找出差距形成的根源，寻找改进方法，提高企业财务管理效率和经营业绩，从而提高企业的自身价值。

第 2 章 财务报表分析基础

【预期目标】

通过学习本章内容,理解和掌握以下内容:(1)理解制约财务报表编制的会计法规体系;(2)掌握会计基本假设和信息质量要求对财务报表分析的影响;(3)掌握四张报表的格式和主要内容;(4)掌握四张报表之间的关系。

【重点与难点】

重点:四张报表的格式和主要内容;四张报表之间的关系。

难点:四张报表之间的勾稽关系。

【知识结构框图】

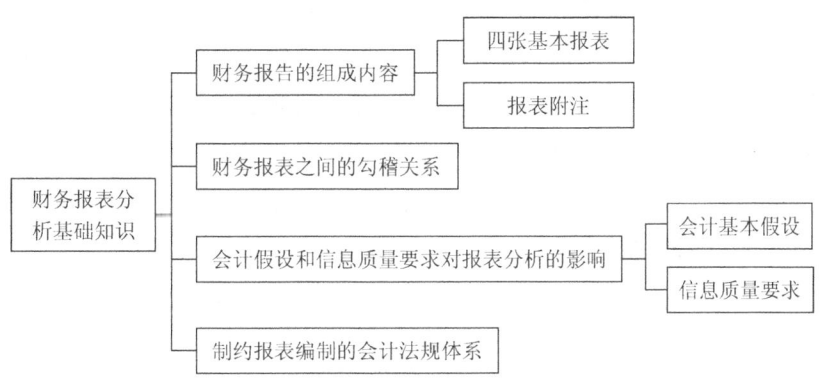

【章前引例】

为了适应社会主义市场经济发展的需要,提高企业财务报表列报质量和会计信息透明度,根据《企业会计准则——基本准则》,财政部修订了《企业会计准则第30号——财务报表列报》,自2014年7月1日起在所有执行企业会计准则的企业范围内施行,鼓励在境外上市的企业提前执行。新修订的《企业会计准则第30号——财务报表列报》与原准则对比,强调了财务报表列报对持续经营能力、终止经营的披露以及报表项目金额的重要性原则,并引入了综合收益的概念。

关键词一:持续经营能力

强调在编制财务报表的过程中,企业管理层应当利用所有可获得信息来评价企业自报告期末起至少12个月的持续经营能力。评价时需要考虑宏观政策风险、市场经营风险、企业目前或长期的盈利能力、偿债能力、财务弹性以及企业管理层改变经营政策的意向等因素。

关键词二:重要性

强调报表项目的重要性。判断项目性质的重要性,应当考虑该项目在性质上是否属于企业日常活动、是否显著影响企业的财务状况、经营成果和现金流量等因素;判断项目金额大小的重要性,应当考虑该项目金额占资产总额、负债总额、所有者权益总额、营业收入总额、营业成本总额、净利润、综合收益总额等直接相关项目金额的比重或所属报表单列项目金额的比重。

关键词三:综合收益

在利润表中单独列示的信息增加了两项:其他综合收益各项目分别扣除所得税影响后的净额、综合收益总额。在合并利润表综合收益总额项目之下单独列示归属于母公司所有者的综合收益总额和归属于少数股东的综合收益总额。并要求在报表附注中详细披露其他综合收益各项目及其所得税影响、当期转出计入当期损益的金额、期初和期末余额及其调节情况。

新修订的准则引入了综合收益的概念,进一步完善我国综合收益报告有重要的意义,也是会计准则国际趋同的深入。

关键词四:终止经营

要求企业应当在附注中披露终止经营的收入、费用、利润总额、所得税费用和净利润,以及归属于母公司所有者的终止经营利润。并对已被企业处置或被企业划归为持有待售的、在经营和编制财务报表时能够单独区分的组成部分,符合终止经营的条件进行了划分。

来源:中国会计视野网站

请思考

1. 我国会计准则规定上市公司需要披露几张财务报表?每张报表各自反映什么重要信息?

2. 四张财务报表之间存在怎样的勾稽关系?

3. 会计基本假设对财务报表分析会产生哪些影响?

4. 会计信息质量要求对财务报表分析会产生哪些影响?

5. 会计准则变革会对财务报表分析产生怎样的影响?

6. 我国制约财务报表编制的会计法规体系包括几个层次?会计准则体系包括哪些内容?

2.1 制约财务报表编制的会计法规体系

企业财务报表是在统一的、强制性的法规制约下编制的,只有这样不同企业之间的财务报表信息才具有可比性。世界各国大都针对企业财务报表的编制方法和报告内容制定了相应的法规,最大程度地减少企业编制报表时人为操纵报表信息的可能性。我国制约企业财务报表编制的法规体系包括会计规范体系以及约束上市公司信息披露的法规体系(此部分内容在第三章详述)。

我国的会计规范体系主要包括下列内容:

2.1.1 《中华人民共和国会计法》

《中华人民共和国会计法》(以下简称《会计法》)制定于1985年,1993年进行过一次修订。现行会计法是1999年10月31日由九届全国人大常委会第十二次会议修订通过的。《会计法》是调整我国经济活动中会计关系的法律总规范,是会计法律规范体系的最高层次,是制定其他会计法规的基本依据,也是指导会计工作的最高准则。《会计法》明确规定了会计信息的内容和要求及企业会计核算、监督的原则,会计机构的设置、会计人员的配备以及相关人员的法律责任。

2.1.2 企业会计准则体系

企业会计准则是企业会计人员进行会计确认、计量、记录和报告等会计活动所应遵循的标准。我国企业会计准则体系由基本会计准则、具体会计准则、会计准则应用指南和解释公告四部分组成。

2.1.2.1 基本会计准则

我国的基本会计准则于1992年11月30日发布,并从1993年7月1日起实施。2006年2月15日,财政部公布了修订后的《企业会计准则——基本准则》,并于2007年1月1日起施行。2014年7月23日,为了适应我国企业和资本市场发展的实际需要，实现我国企业会计准则与国际财务报告准则的持续趋同，根据《财政部关于修改〈企业会计准则——基本准则〉的决定》进行了又一次修改。基本会计准则规定了财务会计的目标、会计核算的基本前提、会计核算的一般原则、会计要素以及会计确认原则和会计计量属性等。虽然基本会计准则不具备实务操作性，但它是制定和指导具体会计准则的前提条件，为具体会计准则的制定提供了基本框架，在会计准则体系中起着统驭作用。

2.1.2.2 具体会计准则

具体会计准则是根据基本会计准则的要求制定的。具体会计准则就经济业务的会计处理以及报表披露等方面做出具体规定。2006年财政部共颁布了38项具体会计准则。2014年，为适应社会主义市场经济发展，进一步完善我国企业会计准则体系，提高财务报表列报质量和会计信息透明度，保持我国企业会计准则与国际财务报告准则的持续趋同，财政部就出台的一系列准则，修订了5项、新增了3项企业会计准则。截至2014年7月1日，共有41项具体会计准则。具体规范三类经济业务或会计事项的处理：

（1）一般业务处理准则。主要规范各类企业普遍适用的一般经济业务的确认与计量。如存货、长期股权投资、固定资产、无形资产、投资性房地产、职工薪酬、收入、建造合同、所得税、股份支付、政府补助、外币折算、借款费用、资产减值、每股收益、企业合并、企业年金基金、财务报表列报、现金流量表、中期财务报告、分部报告、资产负债表日后事项、会计政策、会计估计变更和前期差错更正等。

（2）特殊行业会计准则。主要规范特殊行业的会计业务或事项的处理，如生物资产、石油天然气开采等。

（3）特定业务准则。主要规范特定业务的确认与计量，如债务重组、非货币性资产交换、租赁、或有事项、工具确认与计量、金融资产转移、金融工具列报、套期保值、原保险合同、再保险合同等。

颁布的41项具体准则中，涉及财务报告类的准则就有9项，分别是：财务报表列报、合并财务报表、现金流量表、中期财务报告、分部报告、资产负债表日后事项、每股收益、关联方关系及其交易的披露、首次执行企业会计准则，这些准则的制定为提高企业财务报告信息的规范性和披露的质量提供了有效的保障。

2.1.2.3 会计准则应用指南和解释公告

财政部 2006 年 10 月 30 日发布了《企业会计准则——应用指南》。应用指南是根据基本准则和具体准则制定的用于指导会计实务操作的细则，是企业会计准则体系的重要组成部分，主要解决在运用会计准则处理业务时所涉及的会计科目、账务处理、会计报表及其格式及其编制说明。应用指南的发布有助于会计人员完整、准确地理解和掌握新准则，确保新准则的贯彻实施，同时也标志着我国企业会计准则体系的构建工作已基本完成。

解释公告是随着企业会计准则的贯彻实施，就实务中遇到的实施问题而对准则做出的具体解释。迄今为止财政部已经颁布了企业会计准则解释 1 号、2 号、3 号、4 号、5 号、6 号解释公告。

我国制约企业财务报表编制的会计规范体系包括以下层次：

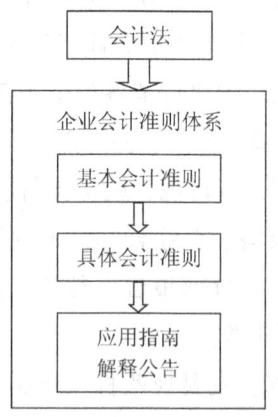

图 2-1 制约企业财务报表编制的会计规范体系

财政部 2010 年下发的《关于印发中国企业会计准则与国际财务报告准则持续趋同路线图的通知》指出，中国企业会计准则将保持与国际财务报告准则的持续趋同，持续趋同的时间安排与国际会计准则理事会（IASB）的进度保持同步。财政部同时还表示，中国争取在 2011 年底前完成对中国企业会计准则相关项目的修订工作，确保所有上市公司和非上市大中型企业掌握相关会计准则的变化,这说明制约我国企业财务报表编制的会计规范体系一直在不断变化与完善中。

2.2 财务报表的编制基础

企业财务报表通常是基于一定的假设前提、并依据一定的编制原则来进行编报的。只有在假设和原则的约束下,报表反映的信息才可能是规范科学的,才能为企业提供客观、真实、及时、有效的信息以供决策所需。

2.2.1 基本会计假设对报表分析的影响

会计假设亦称会计前提,是指在特定的经济环境中,根据以往的会计实践和理论,对会计领域中尚未肯定的事项所做出的合乎情理的假说或设想。会计基本假设主要包括四个假设:会计主体、持续经营、会计分期和货币计量。

2.2.1.1 会计主体假设

会计主体是指会计为之服务的特定单位或组织,凡是从事经济活动的主体都需要有会计为之服务,都是会计主体。会计主体假设是为了明确核算的空间范围,明确经济权利和责任的归属主体。

会计主体假设对于报表分析的影响主要有:第一,明确了报表分析的主体范围及内容,界定了财务报表的空间范围;第二,确保会计的独立性,保证财务报表的真实性与有效性。

需要注意的是,会计信息限于技术条件、主观意愿和客观环境等因素的影响,财务报表无法提供全面信息。但为了尽量避免和减少经营风险,企业和其他报表使用者却不仅需要获取企业过去的信息,同时还有对未来信息的需求。为了满足这些日益迫切的信息需求,会计人员必须突破传统的会计主体,将会计主体延伸到企业外部才能顺利获取所需信息。新环境要求我们必须将企业主体观转变为信息需要者的主体观。

2.2.1.2 持续经营假设

持续经营假设,是指假定企业的经营活动在可预见的将来会持续经营下去,不会发生终止经营或破产清算的可能,可以在正常的经营过程中变现资产、清偿债务。可预见的将来通常是指资产负债表日后十二个月。持续经营假设并不意味着企业会永久存在,而是指企业能存在足够长的时间,使企业能按其既定的目标开展其经营活动,按已有的承诺去偿清其债务,按常规的方法进行相应的会计处理。

《企业会计准则第30号——财务报表列报》(财会〔2014〕7号)规定,在编制财务报表的过程中,企业管理层应当利用所有可获得信息来评价企业自报告期末起至少12个月的持续经营能力。评价时需要考虑宏观政策风险、市场经营风险、企业目前或长期的盈利能力、偿债能力、财务弹性以及企业管理层改变经营政策的意向等因素。评价结果表明对持续经营能力产生重大怀疑的,企业应当在附注中披露导致对持续经营能力产生重大怀疑的因素以及企业拟采取的改善措施。

持续经营假设为企业编制报表选择会计方法时奠定了基础,具体表现在以下三方面:

第一,大多数资产以其取得时的历史成本计价,而不按其立即进入解散、清算状态的现行市价计价;

第二,对长期资产摊销等问题的处理,均以企业在折旧年限或摊销期内会持续经营为假设前提;

第三,对企业偿债能力的分析与判断也是以企业能够在报告期后持续经营为假设的。

企业如有近期获利经营的历史且有财务资源支持,则通常表明以持续经营为基础编制财务报表是合理的。企业正式决定或被迫在当期或将在下一个会计期间进行清算或停止营业的,则表明以持续经营为基础编制财务报表不再合理。在这种情况下,企业应当采用其他基础编制财务报表,并在附注中声明财务报表未以持续经营为基础编制的事实、披露未以持续经营为基础编制的原因和财务报表的编制基础。

2.2.1.3 会计分期假设

会计分期假设是将企业持续不断的生产经营活动人为地分割成会计期间，分期核算经济活动和报告经营成果。这是由于报表信息的使用者需要及时了解企业的财务状况和经营成果，需要企业定期提供会计信息作为决策的依据。会计分期假设是持续经营假设的必要补充。

会计期间通常是一年，称为会计年度。每一会计年度具体划分为季度、月份。年度、季度和月份的起讫日期采用公历日期。会计年度既可以与日历年度相一致也可以不一致，例如：我国规定的会计年度为公历1月1日起至12月31日止，而日本和英国规定的会计年度为4月1日起至次年3月31日止、美国规定的会计年度为10月1日起至次年的9月30日止。

会计分期假设决定了企业对外报送报表的时间间隔以及报表所涵盖的时间跨度。但是需要注意的是，在企业季节性生产的条件下，整齐划一地以日历年度作为会计年度将有可能因财务信息代表性较差而使得企业所披露的部分信息难以反映企业的财务状况，从而误导信息使用者。

2.2.1.4 货币计量假设

货币计量假设是指企业会计核算是以币值稳定为计量前提的。货币计量假设包含两个方面：一是货币计量单位，二是货币的币值稳定与否的问题。

通常情况下企业经济活动的计量尺度为实物计量、劳动计量和货币计量。三者当中只有货币计量才能从计量标准上使企业不同的形态资源从质的标准上得以统一，使企业对大量复杂的经济业务进行统一汇总和计量成为可能。需要注意的是，当现实经济生活中出现通货膨胀或币值变动等问题时，建立在币值不变基础上的会计信息的决策有用性会受到一定程度的影响，这时分析企业报表应考虑币值变动对会计计量的影响。

2.2.2 信息质量要求对报表分析的影响

会计信息质量要求是对企业财务报告中所提供会计信息质量的基本要求，是使财务报告中所提供会计信息对信息使用者决策有用应具备的基本特征。它主要包括客观性、相关性、明晰性、可比性、实质重于形式、重要性、谨慎性和及时性等八项原则。

2.2.2.1 客观性原则

客观性原则要求企业应当以实际发生的交易或者事项为依据进行确认、计量和报告，如实反映符合确认和计量要求的各项会计要素及其他相关信息，保证会计信息真实可靠、内容完整。

会计信息要有用，必须以客观为基础，如果财务报告所提供的会计信息是不客观、不可靠，就会给投资者等使用者的决策产生误导甚至损失。为了贯彻客观性原则的要求，企业应当做到：

（1）以实际发生的交易或者事项为依据进行确认、计量，将符合会计要素定义及其确认条件的资产、负债、所有者权益、收入、费用和利润等如实反映在财务报表中，不得根据虚构的、没有发生的或者尚未发生的交易或者事项进行确认、计量和报告。

（2）在符合重要性和成本收益原则的前提下，保证会计信息的完整性，其中包括应当编报的报表及其附注内容等应当保持完整，不能随意遗漏或者减少应予披露的信息，与使用者决策相关的有用信息都应当充分披露。

（3）财务报告中的会计信息应当是中立的。如果企业在财务报告中为了达到事先设定的结果而选择有关会计信息从而影响企业决策的这类信息就不是中立的。

当然，财务报表中的数据未必都是确切数据，很大一部分来自于企业会计人员的职业估计和判断，这就要求会计信息使用者应当了解相关的法律法规、会计准则等知识，以便对会计信息的客观性做出正确的分析与判断。

2.2.2.2 相关性原则

相关性原则是指企业提供的会计信息应当与财务报告使用者的经济决策需要相关，有助于财务报告使用者对企业过去、现在或者未来的情况做出评价或者预测。

会计信息是否具有价值，关键是看其与使用者的决策需要是否相关，是否有助于决策或者提高决策水平。相关的会计信息应当能够有助于使用者评价企业过去的决策，证实或者修正过去的相关预测，因而具有反馈价值。相关的会计信息还应当具有预测价值，有助于使用者根据财务报告所提供的会计信息预测企业未来的财务状况、经营成果和现金流量。会计信息质量的相关性要求，需要企业在确认、计量和报告会计信息的过程中，充分考虑使用者的决策模式和信息需要。但是，相关性是以客观性为基础的，两者之间并不矛盾，不应将两者对立起来。会计信息应在客观性的前提下，尽可能地做到相关性，以满足财务报告使用者的决策需要。

2.2.2.3 明晰性原则

明晰性原则要求企业提供的会计信息应当清晰明了，便于财务报告使用者理解和使用。

企业编制财务报告、提供会计信息，目的是要使财务报告使用者有效使用会计信息，应当能让其了解会计信息的内涵，理解会计信息的内容，这就要求财务报告所提供的会计信息应当清晰明了，易于理解。只有这样，才能提高会计信息的有用性，实现财务报告的目标，满足向投资者等财务报告使用者提供决策有用信息的要求。

2.2.2.4 可比性原则

可比性原则要求企业提供的会计信息应当相互可比。这主要包括两层含义：

1. 同一企业不同时期可比

为了便于财务报告使用者了解企业财务状况、经营成果和现金流量的变化趋势，比较企业在不同时期的报告信息，全面、客观地评价过去、预测未来，会计信息质量的可比性要求同一企业不同时期发生的相同或者相似的交易或者事项，应当采用一致的会计政策，不得随意变更。但是，可比性要求并非表明企业不得变更会计政策，如果按照规定或者在会计政策变更后可以提供更可靠、更相关的会计信息，可以变更会计政策。有关会计政策变更的情况，应当在附注中予以说明。

2. 不同企业相同会计期间可比

为了便于财务报告使用者评价不同企业的财务状况、经营成果和现金流量及其变动情况，会计信息质量的可比性要求不同企业在同一会计期间发生的相同或相似的交易或事项，应当采用规定的会计政策，确保会计信息口径一致、相互可比，以使不同企业按照一致的确认、计量和报告要求提供有关会计信息。

2.2.2.5 实质重于形式原则

实质重于形式（Substance over Form）原则要求企业应当按照交易或事项的经济实质进行会计处理，而不能仅以交易或事项的法律形式作为会计处理的依据。

随着交易事项的日趋复杂化，某些交易或事项的实质往往存在着与其法律形式明显不一致的情形，例如：企业融资租入一项固定资产，在法律形式上承租人并没有拥有资产的所有权，但在商业实质上承租人按合同可以长期控制和使用该固定资产，因此承租人按照该原则将该项融资租入的固定资产视同自有资产管理并计提折旧。又如，企业签订了带售后回购协议的销售合同，当销售商品时，虽然在法律形式上实现了收入，但与商品所有权相关的风险和报酬并未实质转移给买方，因此不能确认收入。

2.2.2.6 重要性原则

重要性原则指企业提供的会计信息应当反映与企业财务状况、经营成果和现金流量有关的所有重要交易或者事项。在实务中，如果会计信息的遗漏或者错报会影响财务报告使用者据此做出决策的，该信息就具有重要性。重要性的应用需要依赖职业判断，企业应根据其所处环境和实际情况，从项目的性质和金额大小两方面加以判断。某些项目的重要性程度不足以在资产负债表、利润表、现金流量表或所有者权益变动表中单独列示，但对附注却具有重要性，则应当在附注中单独披露。

例如，我国上市公司要求对外提供季度财务报告，考虑到季度财务报告披露的时间较短，从成本收益的角度考虑，季度财务报告没有必要像年度财务报告那样披露详细的附注信息。因此，中期财务报告准则规定，公司季度财务报告附注应当以"年初至本中期末"为基础编制，披露自上年度资产负债表日之后发生的、有助于理解企业财务状况、经营成果和现金流量变化情况的重要交易或者事项。这种附注披露制度体现了会计信息质量的重要性要求。

2.2.2.7 谨慎性原则

谨慎性原则要求企业对交易或者事项进行会计确认、计量和报告时应当保持应有的谨慎,不应高估资产或者收益、低估负债或者费用。

在市场经济环境下,企业的生产经营活动面临着许多风险和不确定性,如应收款项的可收回性、存货的变现性、固定资产和无形资产的使用寿命等。会计信息质量的谨慎性要求企业在面临不确定因素的情况下,应当保持应有的谨慎,充分估计到各种风险和损失,既不高估资产或者收益,也不低估负债或者费用,做出合理的职业判断。例如,要求企业对可能发生的资产减值损失计提资产减值准备、对售出商品可能发生的保修义务确认预计负债等,就体现了会计信息质量的谨慎性要求。

当然,谨慎性原则也不允许企业设置秘密准备,如果企业故意低估资产或者收益,或者故意高估负债或者费用,将不符合会计信息的客观性和相关性要求,损害会计信息质量,扭曲企业实际的财务状况和经营成果,从而对使用者的决策产生误导,这是会计准则所不允许的。

2.2.2.8 及时性原则

及时性原则要求企业对于已经发生的交易或者事项,应当及时进行确认、计量和报告,不得提前或者延后。

会计信息的价值在于其是否具有时效性,即使是可靠、相关的会计信息,如果不及时提供,就失去了时效性,对于使用者的效用就大大降低甚至不再具有实际意义。在会计确认、计量和报告过程中贯彻及时性体现在三方面:一是要求及时收集会计信息,即在经济交易或者事项发生后,及时收集整理各种原始单据或者凭证;二是要求及时处理会计信息,即按照会计准则的规定,及时对经济交易或者事项进行确认或者计量,并编制财务报告;三是要求及时传递会计信息,即按照国家规定的有关时限,及时地将编制的财务报告传递给财务报告使用者,便于其及时使用和决策。

2.3 财务报告的构成

2006年我国颁布的《企业会计准则》在基本准则中规定了财务报告概念框架与财务报告框架。为适应社会主义市场经济发展，进一步完善我国企业会计准则体系，提高财务报表列报质量和会计信息透明度，保持我国企业会计准则与国际财务报告准则的持续趋同，2014年，财政部进一步修订了《会计准则第33号合并财务报表》与《企业会计准则第30号财务报表列报会计准则》。财务报告框架包括财务报告的定义、构成与主要报表的定义。

财务报告是企业对外提供的反映企业某一特定日期的财务状况和某一会计期间的经营成果、现金流量等会计信息的文件。企业的财务报告包括会计报表及其附注以及其他应在财务会计报告中披露的相关信息和资料。其中，会计报表至少包括资产负债表、利润表、现金流量表等报表，小企业编制的会计报表可以不包括现金流量表。

虽然在基本准则的财务报告框架中并没有提到"所有者权益变动表"，但在《会计准则第30号—财务报表列报》具体准则中明确了财务报表至少应当包括以下组成部分：(1)资产负债表；(2)利润表；(3)现金流量表；(4)所有者权益变动表；(5)附注（主表以外的其他报表都作为报表附注的内容）。财务报表上述组成部分具有同等的重要程度。

2.3.1 基本财务报表

2.3.1.1 资产负债表

资产负债表（Balance Sheet）是财务报表体系中最核心的报表，它是以"资产=负债+所有者权益"会计恒等式为基础，反映企业在某一特定日期财务状况的报表。该报表反映的是相关项目在静态时点上的累计余额的结果，但不能反映相关项目的变动过程。该表是报表体系中包含信息最全面的一张表（格式见表2-1）。

第2章 财务报表分析基础

表 2-1 资产负债表

编制单位： 年 月 日 单位金额：

资 产	期末余额	年初余额	负债和所有者权益（股东权益）	期末余额	年初余额
流动资产：			流动负债：		
货币资金			短期借款		
以公允价值计量且其变动计入当期损益的金融资产			以公允价值计量且其变动计入当期损益的金融负债		
应收票据			应付票据		
应收账款			应付账款		
预付账款			预收账款		
应收股利			应付职工薪酬		
应收利息			应缴税费		
其他应收款			应付利息		
存货			应付股利		
划分为持有待售的资产			其他应付款		
一年内到期的非流动资产			划分为持有待售的负债		
其他流动资产			一年内到期的非流动负债		
流动资产合计			其他流动负债		
非流动资产：			流动负债合计		
可供出售金融资产			非流动负债：		
持有至到期投资			长期借款		
长期应收款			应付债券		
长期股权投资			长期应付款		
投资性房地产			专项应付款		
固定资产			预计负债		
在建工程			递延收益		
工程物资			递延所得税负债		
固定资产清理			其他非流动负债		
生产性生物资产			非流动负债合计		

续表

资　产	期末余额	年初余额	负债和所有者权益（股东权益）	期末余额	年初余额
油气资产			负债合计		
无形资产			所有者权益（或股东权益）：		
开发支出			实收资本（或股本）		
商誉			资本公积		
长摊待摊费用			其他综合收益		
递延所得税资产	—		盈余公积		
其他非流动资产			未分配利润		
非流动资产合计			减：库存股		
			所有者权益（股东权益）合计		
资产总计			负债和所有者权益（股东权益）总计		

资产，是企业因过去的交易或事项而形成并由企业拥有或控制的能以货币计量的经济资源，这些资源预期会给企业带来经济效益。按资产的流动性大小不同，区分为流动资产和非流动资产两类：流动资产类由货币资金、交易性金融资产、应收票据、应收账款、预付账款、其他应收款、存货和待摊费用等项目组成。非流动资产类由持有至到期投资、可供出售金融资产、长期股权投资、固定资产、无形资产和长期待摊费用等项目组成。对于同时包含资产负债表日后一年内（含一年）和一年之后预期将收回或清偿金额的资产和负债单列项目，企业应当披露超过一年后预期收回或清偿的金额。

负债：是指企业由过去的交易或事项而引发的、现在承担的、将在未来向其他经济组织或个人交付资产或提供劳务的责任。负债按偿还期的长短，一般分为流动负债和非流动负债。

所有者权益：是指企业所有者对企业净资产的要求权，是扣除债权人权益后的剩余权益，是企业价值的账面表现，包括企业所有者对企业的投入资本以及形成的资本公积、盈余公积和未分配利润等。

2.3.1.2 利润表

利润表是反映企业某一会计期间经营成果的报表。它可以提供企业在月度、季度或年度内企业实现的收入、发生的费用、应计入当期利润的利得和损失，以反映当期净利润或亏损的形成情况。2009 年 6 月，《企业会计准则解释第 3 号》引入综合收益概念，将直接计入所有者权益的利得或损失纳入利润表，综合收益的引入增进了财务报告信息的完整性和有用性。2014 年 7 月 1 日修订的《企业会计准则 30 号—财务报表列报》增设"其他综合收益"和"综合收益总额"两个项目，并将"其他综合收益"作为一级科目核算。

我国利润表采用多步式结构，具体格式见表 2-2。

表 2-2 利润表

编制单位： 年 月 日 单位金额：

项　　　　目	本年金额	上年金额
一、营业收入		
减：营业成本		
营业税金及附加		
销售费用		
管理费用		
财务费用（收益以"-"号填列）		
资产减值损失		
加：公允价值变动损益（损失以"-"号填列）		
投资净收益（净损失以"-"号填列）		
其中：对联营企业和合营企业的投资收益		
二、营业利润（亏损以"-"号填列）		
加：营业外收入		
其中：非流动资产处置利得		
减：营业外支出		
其中：非流动资产处置损失		
三、利润总额（亏损总额以"-"号填列）		

续表

项　　目	本年金额	上年金额
减：所得税费用		
四、净利润（净亏损以"-"号填列）		
五、其他综合收益的税后净额		
（一）以后不能重新分类进损益的其他综合收益		
（二）以后将重分类进损益的其他综合收益		
权益法下在被投资单位以后将重分类进损益的其他综合收益中享有的份额		
六、综合收益总额		
七、每股收益：		
（一）基本每股收益		
（二）稀释每股收益		

收入：是指企业在日常活动中形成的、会导致所有者权益增加的、与所有者投入资本无关的经济利益的总流入。收入只有在经济利益很可能流入从而导致企业资产增加或者负债减少，且经济利益的流入额能够可靠计量时才能予以确认。收入包括营业收入、投资收益等。

费用：是指企业在日常活动中发生的会导致所有者权益减少的、与向所有者分配利润无关的经济利益的总流出。费用只有在经济利益很可能流出从而导致企业资产减少或者负债增加且经济利益的流出额能够可靠计量时才能予以确认。

利得：是与收入对应的概念。根据会计准则中的定义，利得是指由企业非日常活动所形成的、会导致所有者权益增加的、与所有者投入资本无关的经济利益的流入。利得可以区分计入损益的利得和计入所有者权益的利得。计入损益的利得，如：营业外收入；计入权益的利得，如：可供出售金融资产因公允价值变动而产生的利得。

损失：是与费用对应的概念，是指企业在非日常活动中发生的会导致所有者权益减少的、与向所有者分配利润无关的经济利益的总流出。损失可以区分计入损益的损失和计入所有者权益的损失。计入损益的损失，如：营业外支出；计入权益的损失，如：可供出售金融资产因公允价值变动而产生的损失。

2.3.1.3 现金流量表

现金流量表，是指反映企业在一定会计期间现金和现金等价物流入和流出的报表。现金，是指企业库存现金以及可以随时用于支付的存款。现金等价物，是指企业持有的期限短、流动性强、易于转换为已知金额现金、价值变动风险很小的投资。通过现金流量表，可以概括反映经营活动、投资活动和筹资活动对企业现金流入流出的影响。现金流量表的具体格式见表2-3。

表2-3 现金流量表

编制单位：　　　　　　　年　月　日　　　　　　　单位金额：

项　目	本年金额	上年金额
一、经营活动产生的现金流量：		
销售商品、提供劳务收到的现金		
收到的税费返还		
收到其他与经营活动有关的现金		
经营活动现金流入小计		
购买商品、接受劳务支付的现金		
支付给职工以及为职工支付的现金		
支付的各项税费		
支付其他与经营活动有关的现金		
经营活动现金流出小计		
经营活动产生的现金流量净额		
二、投资活动产生的现金流量：		
收回投资收到的现金		
取得投资收益收到的现金		
处置固定资产、无形资产和其他长期资产收回的现金净额		
处置子公司及其他营业单位收到的现金净额		
收到其他与投资活动有关的现金		

续表

项　　目	本年金额	上年金额
投资活动现金流入小计		
购建固定资产、无形资产和其他长期资产支付的现金		
投资支付的现金		
取得子公司及其他营业单位支付的现金净额		
支付其他与投资活动有关的现金		
投资活动现金流出小计		
投资活动产生的现金流量净额		
三、筹资活动产生的现金流量：		
吸收投资收到的现金		
取得借款收到的现金		
收到其他与筹资活动有关的现金		
筹资活动现金流入小计		
偿还债务支付的现金		
分配股利、利润或偿付利息支付的现金		
支付其他与筹资活动有关的现金		
筹资活动现金流出小计		
筹资活动产生的现金流量净额		
四、汇率变动对现金的影响		
五、现金及现金等价物净增加额		
加：期初现金及现金等价物余额		
六、期末现金及现金等价物余额		

2.3.1.4　所有者权益变动表

所有者权益变动表是反映公司本期（年度或中期）内至截至期末所有者权益变动情况的报表。所有者权益变动表应当全面反映一定时期所有者权益变动的情况，主要包括：所有者权益总量的增减变动；所有者权益增减变动的重要结构性信息；直接计入所有者权益的利得和损失。所有者权益变动表的具体格式见表2-4。

表 2-4 所有者权益变动表

编制单位： 　　　　　　　　　　　年　月　日　　　　　　　　　　单位金额：

	本年金额							上年金额						
	实收资本	资本公积	减：库存股	盈余公积	其他综合收益	未分配利润	所有者权益合计	实收资本	资本公积	减：库存股	盈余公积	其他综合收益	未分配利润	所有者权益合计
一、上年年末余额														
加：会计政策变更														
前期差错更正														
二、本年年初余额														
三、本年增减变动金额（减少以"-"号填列）														
（一）综合收益总额														
（二）所有者投入和减少资本														
1. 所有者投入资本														
2. 股份支付计入所有者权益的金额														
3. 其他														
（三）利润分配														
1. 提取盈余公积														
2. 对所有者（或股东）的分配														
3. 其他														
（四）所有者权益内部转移														
1. 资本公积转增资本														
2. 盈余公积转增资本														
3. 盈余公积弥补亏损														
4. 其他														
四、本年年末余额														

2.3.2 附注

财务报表附注是为便于财务报表使用者了解财务报表的内容而对财务报表的编制基础、编制依据、编制原则和方法以及主要项目等所做的解释和进一步说明,以及对未能在报表中列示的项目所做的补充说明。

附注一般应当按照下列顺序至少披露:

(1) 企业的基本情况。

①企业注册地、组织形式和总部地址。

②企业的业务性质和主要经营活动。

③母公司以及集团最终母公司的名称。

④财务报告的批准报出者和财务报告批准报出日,或者以签字人及其签字日期为准。

⑤营业期限有限的企业,还应当披露有关其营业期限的信息。

(2) 财务报表的编制基础。

(3) 遵循企业会计准则的声明。

企业应当声明编制的财务报表符合企业会计准则的要求,真实、完整地反映了企业的财务状况、经营成果和现金流量等有关信息。

(4) 重要会计政策和会计估计。

重要会计政策的说明,包括财务报表项目的计量基础和在运用会计政策过程中所做的重要判断等。重要会计估计的说明,包括可能导致下一个会计期间内资产、负债账面价值重大调整的会计估计的确定依据等。

企业应当披露采用的重要会计政策和会计估计,并结合企业的具体实际披露其重要会计政策的确定依据和财务报表项目的计量基础,及其会计估计所采用的关键假设和不确定因素。

(5) 会计政策和会计估计变更以及差错更正的说明。

企业应当按照《企业会计准则第 28 号——会计政策、会计估计变更和差错更正》的规定,披露会计政策和会计估计变更以及差错更正的情况。

(6) 报表重要项目的说明。

企业应当按照资产负债表、利润表、现金流量表、所有者权益变动表及其项目列示的顺序,对报表重要项目的说明采用文字和数字描述相结合的方式进行披露。报表重要项目的明细金额合计，应当与报表项目金额相衔接。

企业应当在附注中披露费用按照性质分类的利润表补充资料，可将费用分为耗用的原材料、职工薪酬费用、折旧费用、摊销费用等。

（7）或有和承诺事项、资产负债表日后非调整事项、关联方关系及其交易等需要说明的事项。

（8）有助于财务报表使用者评价企业管理资本的目标、政策及程序的信息。

2.3.3 财务报表的类型

企业的财务报表分为中期财务报表和年度财务报表。中期财务报表是以短于一个完整会计年度的报告期间为基础编制的，包括月报、季报和半年报等。中期财务报表不一定经过审计而年报则必须经过审计才能对外公布。年度财务报表中包括所有者权益变动表，而中期财务报表是否包括该表则由企业自行决定。

对于有控股子公司的母公司和企业集团而言，财务报表还分为个别财务报表和合并财务报表。其中，个别财务报表是指由母公司编制并呈报的除合并财务报表之外的财务报表以及被豁免编制合并报表的母公司编制的财务报表。合并财务报表是指由母公司编制的，将母子公司形成的企业集团作为一个会计主体，综合反映企业集团整体财务状况、经营成果和现金流量的报表。

2.4 财务报表之间的逻辑关系

资产负债表反映企业某一特定日期财务状况的会计报表。它反映企业所拥有的资产、所需偿还的债务，以及投资者所拥有的净资产的情况，它是一张静态的时点报表。利润表反映企业一定时期生产经营成果的会计报表。它表明企业运用所拥有的资产的获利能力。利润表是一张动态的时期报表，主要目的是在于解释由于主体的经营活动而引起所有者权益增加的原因。现金流量表是以现金为基础编制的财务状况变动表，反映企业一定时期现金流入和流出情况，表明企业获取现金及现金等价物的能力。现金流量表也是动态报表，它是对利润表和资产负债表的重要补充。

从图2-2的关系图显示，现金流量表实际就是对资产负债表中货币资金相关项目增减变化的展开说明，所有者权益变动表则是对资产负债表所有者权益项目增减变化的具体展开。利润表的"净利润"与所有者权益变动表"本年增减变化额"项下的"净利润"形成勾稽关系,并间接通过所有者权益变动表与资产负债表形成关联。与此同时,以权责发生制为基础形成利润表的"净利润",经过系列调整,如:加上非付现成本、不属于经常活动的损益等,与以现金制为基础形成的现金流量表"经营活动现金流量净额"形成勾稽对应。综上可以看出,四张报表其实就是一张报表,即资产负债表,其他三张报表都是对资产负债表某一项目的具体说明,因此资产负债表是四张报表中信息最全面、最综合的核心报表。

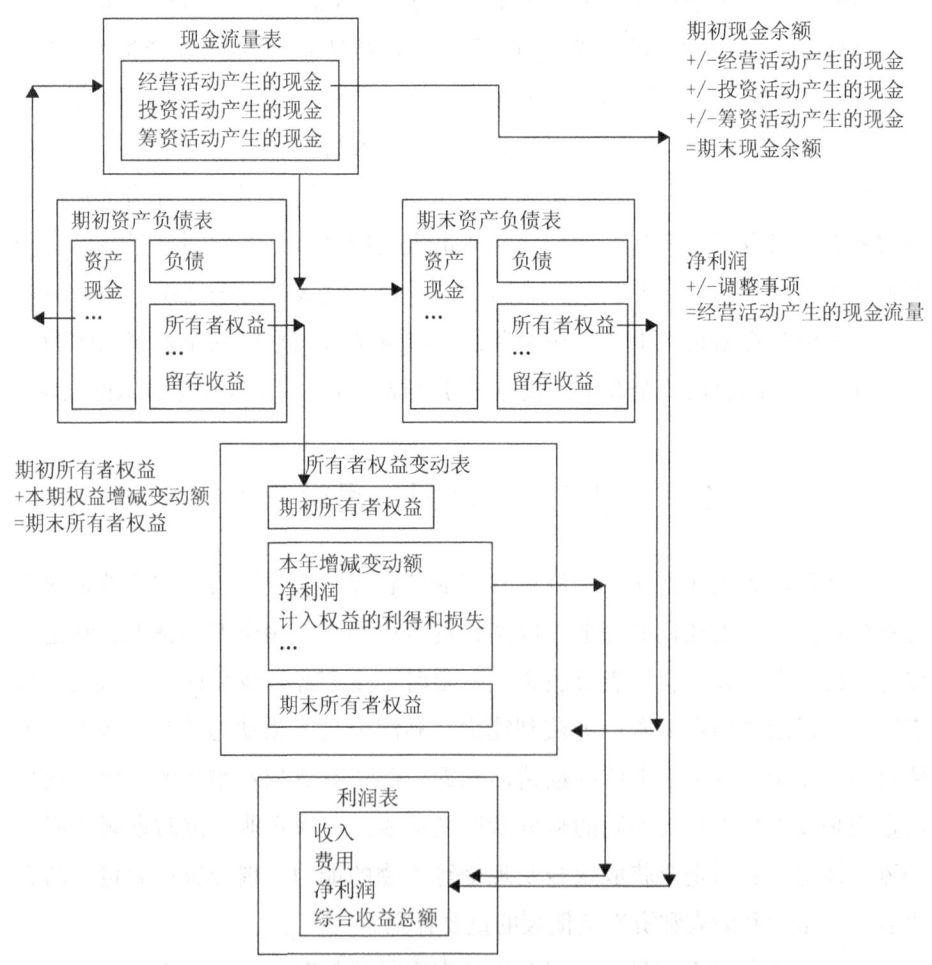

图2-2 四张报表间的逻辑关系示意图

第 3 章　财务报表分析需要的重要信息

【预期目标】

通过本章学习，理解和掌握：（1）了解上市公司信息披露相关制度；（2）掌握财务报表附注披露的主要内容及格式规范；（3）掌握会计政策、会计估计变更及差错更正对报表分析的影响；（4）掌握关联方交易对报表分析的影响；（5）掌握资产负债表日后事项对报表分析的影响；（6）理解审计报告在报表分析中的作用。

【重点与难点】

重点：财务报表附注披露的主要内容；会计政策、会计估计变更及差错更正对报表分析的影响；关联方交易对报表分析的影响

难点：关联方交易对报表分析的影响；审计报告在报表分析中的作用

【知识结构框图】

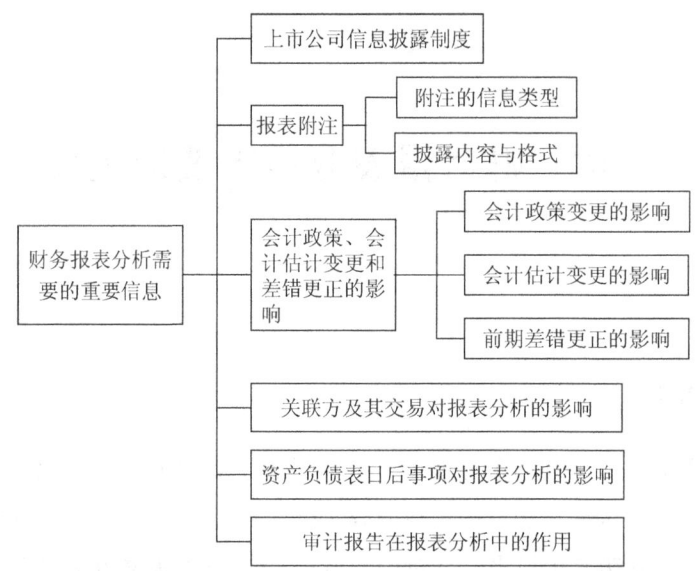

【章前引例】

"涉嫌违规披露不披露重要信息罪""股票实施退市风险警示""第一大股东变更"等消息的公布令＊ST博元成为市场的焦点。2015年4月30日，＊ST博元披露了2014年年报，该报告中，公司称"无法保证年度报告内容的真实、准确、完整"。有四大因素导致大华会计师事务所（特殊普通合伙）为＊ST博元2014年度财务报告出具了无法表示意见的审计报告。

一是，公司持续经营能力存在重大不确定性。截至2014年12月31日，公司逾期借款及利息为4.13亿元，2014年度归属于母公司股东的净利润为-9885.32万元，流动负债大于流动资产4.89亿元，经营活动产生的现金流量净额-4638.99万元，净资产为-3.87亿元。

二是，无法判断一项应收账款是否真实及其可回收金额；无法判断公司对某些单位的出资是否真实及其对财务报表的影响；还有公司投资的江苏金泰天创汽车销售公司因本期丧失控制权转为权益法核算，无法判断该公司2013年末其他应收款账面价值6068.05万元是否真实及其可回收金额。

三是，2011年至2014年度使用股改业绩承诺资金购买应收票据，累计形成利润 4575.14 万元、递延收益 320.90 万元，其中 2014 年度形成利润 317.40 万元、递延收益 320.90 万元。截至 2014 年 12 月 31 日应收票据已全部背书转让，他们未能取得被背书方的询证函回函，未能获取应收票据出票银行的完整背书信息，因此无法判断应收票据及其置换业务的真实情况及其对财务报表的影响。

四是，公司于 2015 年 3 月 27 日收到了上海证券交易所发来的《关于通报珠海市博元投资股份有限公司涉嫌信息披露违法违规案被中国证监会移送公安机关的函》，截至审计报告日，相关部门对博元投资立案调查尚未有最终结论，无法判断立案调查结果对博元投资财务报表的影响程度。

大华会计师事务所在报告中表示，由于存在上述情况，同时他们也无法通过其他程序就管理层运用持续经营假设编制财务报表的合理性获取充分、适当的审计证据，因此无法判断博元投资管理层继续按照持续经营假设编制财务报表是否适当。

对此，*ST博元独立董事表示认同，同时表示"希望公司董事会认真研究，尽早解决公司目前面临的问题，维护公司和全体股东的利益"。

资料来源：搜狐证券网站

请思考

1. 企业财务报表附注有哪些主要内容？报表附注在财务报表分析中有什么作用？

2. 企业会计政策和会计估计的变更对企业财务报表分析有什么影响？

3. 哪些企业或个人可以构成关联方？关联方交易对企业财务状况的哪些方面有影响？

4. 为什么要关注资产负债表日后事项？哪些事项属于调整事项？哪些事项属于非调整事项？它们分别对报表分析产生什么影响？

5. 审计报告有哪些主要类型？如何看待审计报告在报表分析中的作用？

3.1 上市公司信息披露制度

鉴于报表信息获取的公开性和便捷性，本书分析的对象基本都是在沪深证券交易所上市的公司。我国证监会对上市公司的信息披露规范制定了严格的制度和管理办法，其目的是通过规范上市公司的信息披露行为，从保护公众投资者利益的角度出发来提高上市公司运营管理的透明度。

信息披露制度，也称公示制度、公开披露制度，是上市公司为保障投资者利益、接受社会公众的监督而依照法律规定必须将其自身的财务变化、经营状况等信息和资料向证券管理部门和证券交易所报告，并向社会公开或公告，以便使投资者充分了解公司情况的制度。它既包括发行前的披露，也包括上市后的持续信息公开。上市公司信息披露制度是为投资决策服务的，报告对象包括投资者、债权人、政府、社会公众等利益相关者。

3.1.1 上市公司信息披露的原则

上市公司在进行信息披露时，一般会遵循以下原则：

1. 真实性原则

真实性原则要求信息披露义务主体的信息客观化，排除对投资者投资的人为干扰，用投资判断依据的真实性来促进实现投资判断活动的公平性。

依照披露信息的性质不同，可将披露信息区分为描述性信息、评价性信息和预测性信息。相应的披露信息在法律上也有描述性真实、评价性真实和预测性真实之分：

（1）描述性真实。描述性真实是一种反映真实。依法判断描述性信息的真实性，应以客观事实为参照，检验披露主体所披露信息的内容是否具有客观性和一致性。

（2）评价性真实。评价性真实是一种逻辑真实。在检验时，应在确定描述信息所反映的既存事实性的基础上，对评价依据的真实性和评估方法的合理性进行判断。

（3）预测性真实。在如何判断预测性信息的真实性方面，美国 SEC 的"安全港规则"（Safe harbor rule）是一个行之有效的方法。该规则规定，发行人披露的公司盈利预测应当符合诚信原则和具有合理性，如果实际情况与先前预测不符，发行人只有被证明违反诚信原则时才承担责任。

2. 充分性原则

充分披露是指不论法规强制和契约规定是否做出披露要求，凡是对投资者决策有重大影响的信息，上市公司都应向投资者充分、完整而公允地披露所有有关信息及其涉及该信息的有关事实，不得有重大遗漏或隐瞒。充分披露的内容主要包括：

（1）信息披露的完整性。是指凡提供给投资者判断证券投资价值的有关材料，应全部记载于法定文件中，并予以公开，不得有故意隐瞒、欠缺或重大遗漏的情形。完整性要求公司披露所有信息。

（2）信息披露的重要性。美国财务会计准则委员会在"概念框架"中所下的重要性定义是："根据周围的环境，会计信息的遗漏或错报很可能会改变或影响依赖这一信息的理性人的判断，该信息则为重要。"国际会计准则委员会也指出："如果资料的省略或差错会影响使用者根据财务报表采取的经济决策，资料就具有重要性。"

一定的披露保留权和隐私空间是指：在有些情况下，即使信息构成重大信息，但如果立即披露可能会给信息披露人带来非常不利又难以弥补的损失，允许不予披露或予以保留性披露。根据《股票发行与交易管理暂行条例》，下列信息可不予公开：A、法律、法规予以保护并允许不予披露的商业秘密；B、中国证监会在调查违法行为过程中获得的非公开信息和文件；C、根据有关法律、法规规定可以不予披露的其他信息和文件。

3. 准确性原则

准确性原则是指上市公司公开信息时必须确切表明其含义，其内容与表达方式不得使人误解，因而准确原则又称为"内容的易解性"。法律把违反准确原则的结果称之为"使人误解"。信息披露的准确原则，不是强调已披露信息与信息所反映的客观事实之间的一致性，而是强调信息发布者与信息接受者之间，以及各个信息接受者之间对同一信息在理解上的一致性。

4. 及时性原则

及时披露是指上市公司应毫不延迟地依法披露有关信息,并且公开资料交付的时间不得超过法定期限。该原则强调所披露信息的时效性,也就是说,力求通过缩短信息产生与信息公布的时间差来防止内幕交易或市场操纵行为的发生。

5. 公平披露原则

公平披露,简单来说就是向市场各方同时披露公司的重大信息,保证所有投资者有公平的机会同时获得同质同量的有效信息。

3.1.2 上市公司信息披露的规范体系

3.1.2.1 信息披露的规范体系层次

上市公司信息披露的规范体系,共划分为五个层次:

(1) 法律:《公司法》《证券法》。
(2) 法规:《股票发行与交易管理暂行条例》。
(3) 规章:《信息披露实施细则(试行)》。
(4) 信息披露规范:内容与格式准则、编报规则、规范问答。
(5) 股票上市规则。

3.1.2.2 中国上市公司信息披露的内容体系(见图3-1)

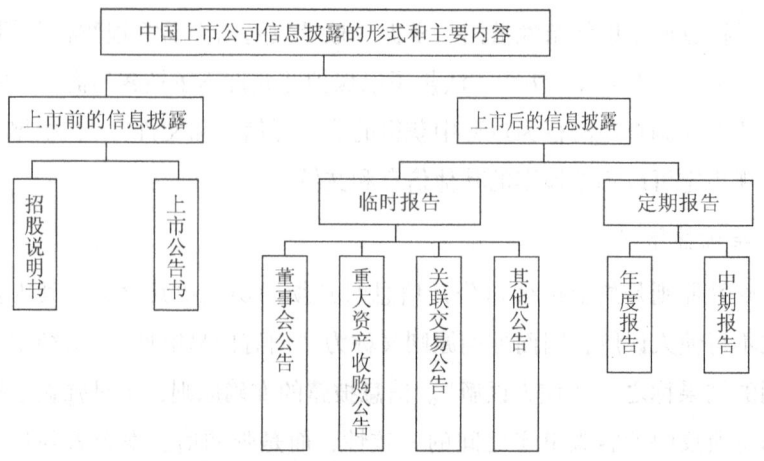

图 3-1 上市公司信息披露的内容体系

3.1.3 上市公司信息披露的频率与方式

1. 公司信息披露的频率

（1）年度报告披露的时间要求与具体时间确定：年度结束后 4 个月内。

（2）半年度报告披露的时间要求与具体时间确定：半年度结束后 2 个月内。

（3）季度报告披露的时间要求与具体时间确定：季度结束后 1 个月内。

（4）临时公告披露的时间要求与具体时间确定：事件发生后 2 天内。

2. 公司信息披露的时间表（见表3-1）

表 3-1 上市公司信息披露时间表

公告名称	信息公布时间
招股说明书	在承销期开始前 2—5 个工作日内刊登
上市公告书	在股票挂牌交易前 3 天刊登
中期报告	每个会计年度前 6 个月结束后的 2 个月内
年度报告	每个会计年度结束后的 4 个月内
股东大会决议公告	最迟不超过 2 个工作日
董事会决议公告	最迟不超过 2 个工作日
利润分配公告	一般在股权登记前 3—5 个工作日内
配股说明书	股权登记日前 10 个工作日

3. 公司信息披露的方式

（1）报纸及刊物披露

上市公司必须在中国证监会指定报纸上进行披露。

中国证监会指定的报纸包括：《中国证券报》《上海证券报》《证券时报》《金融时报》《证券日报》《中国改革报》《中国日报》等。

刊物：《证券市场周刊》

（2）网上披露

中国证监会指定的网站或公司自己的网站。目前，上海证券交易所指定网站是 www.sec.com.cn；深圳证券交易所指定网站是 www.cninfo.com.cn。这两家网站是中国证监会指定上市公司信息披露的国际互联网站。

3.2 财务报表附注及主要内容

3.2.1 报表附注披露的信息类型

财务报表附注是在基本报表主体之外列示的、对报表主体的形成以及重要报表项目的明细说明。财务报告附注通常披露以下四类信息：

3.2.1.1 关于会计政策选择及变更的信息

会计政策是指企业在会计确认、计量和报告中所采用的原则、基础和会计处理方法。我国会计准则允许企业在会计原则和会计方法中进行选择，选择的会计政策不同，所体现的财务状况和盈亏情况也不相同。因此，为增强企业财务信息的透明度，提高同类企业会计信息的可比性，企业应将会计政策的选用及变更情况在报表附注中披露。

《国际会计准则》认为，企业可以考虑列报的会计政策包括（但不限于）如下方面：收入确认；合并原则，包括对子公司和联营企业；企业合并；合营企业；有形和无形资产的确认和折旧/摊销；借款费用和其他支出的资本化；建造合同；投资性房地产；金融工具和投资；租赁；研究和开发；存货核算方法；所得税核算方法，包括递延所得税；各种准备的计提；雇员福利费用；外币折算和套期；产业分部和地区分部的定义以及在分部之间分配费用的基础；现金及现金等价物的定义；通货膨胀会计；政府补助等。

3.2.1.2 对报表项目进行解释的信息

财务报表是以总括的数据反映企业一定时点的财务状况和一定期间的经营成果、现金流量情况。报表上的所有项目都是总账科目或一级科目的余额或发生额。同时对存在价值减损的项目还必须扣除相关的摊销、折旧和减值金额，按净值反映在报表上。如：应收账款，就是在扣减计提的坏账准备后的账面净值列示，因此有关项目原值及项目内部构成数量变化的一些重要信息就必须要借助附注的详细披露才能满足报表分析的需要。

3.2.1.3 不符合确认条件的财务会计信息

对于一些对企业影响重大但又不符合确认条件的信息。如：人力资源和企业文化等无形资源等，由于现有计量手段的限制，使得这些信息目前还无法直接在报表内体现出来，但这些信息对于揭示企业的潜在价值和市场地位，却具有举足轻重的作用。因此，对于这部分游离在报表之外的"表外资产"，我们通常会在报附注中进行披露。

3.2.1.4 有关企业远景的前瞻性信息

以上3类附注披露的内容基本都是对现有财务报表或历史信息的解释。而信息使用者的决策却是面向未来的，因此"尚未发生但属于拟议中的重大信息"这类具有企业远景的前瞻性信息对企业决策就是至关重要的，它们可以通过报表附注的形式反映出来，如：企业规划的资产重组方案，董事会提议的对外投资决策，重大投资、融资活动，企业合并、分立，重要资产转让及出售等。

3.2.2 会计准则对报表附注内容的规定

3.2.2.1 附注内容及披露顺序

1. 企业的基本情况。
（1）企业注册地、组织形式和总部地址。
（2）企业的业务性质和主要经济活动，如企业所处的行业、所提供的主要产品或服务性质或服务、客户的性质、销售策略、监管环境的性质等。
（3）母公司以及集团最终的名称。
2. 财务报表的编制基础。
3. 遵循会计准则的声明。
4. 重要会计政策的说明，包括财务报表项目的计量基础和会计政策的确定依据等。

5. 重要会计估计的说明，包括下一会计期间内很可能导致资产、负债账面价值重大调整的会计估计的确定依据等。

6. 会计政策和会计估计变更以及重大会计差错更正的说明。主要包括以下事项：

（1）会计政策变更的内容和理由。

（2）会计政策变更对企业资产、所有者权益、销售收入、利润、净利润等主要指标的影响数以及对企业合并会计报表的影响数。

（3）累积影响数不能合理确定的理由。

（4）会计估计变更的内容和理由。

（5）会计估计变更的影响数。

（6）会计估计变更的影响数不能合理确定的理由。

（7）重大会计差错的内容。

（8）重大会计差错的更正金额。

7. 对已在资产负债表、利润表、现金流量表和所有者权益变动表中列示的重要项目的进一步说明，包括终止经营税后利润的金额及其构成情况等。

8. 或有和承诺事项的说明。或有负债的类型及其影响，包括：

（1）已贴现商业承兑汇票形成的或有负债。

（2）未决诉讼、仲裁形成的或有负债。

（3）为其他单位提供债务担保形成的或有负债。

（4）其他或有负债（不包括极小可能导致经济利益流出企业的或有负债）。

（5）或有负债预计产生的财务影响（如无法预计，应说明理由）。

（6）或有负债获得补偿的可能性。

9. 资产负债表日后非调整事项的说明。

10. 关联方关系及其交易事项的说明。

3.2.2.2 财务报表重要项目的说明

本节介绍会计报表重要项目的披露要求，其他报表附注的内容将在本章后面几节阐述。财务报表重要项目的说明主要包括以下内容：

1. 应收款项(包括其他应收款,不包括应收票据,下同)及计提坏账准备的方法

(1) 说明坏账的确认标准,以及坏账准备的计提方法和计提比例,并重点说明如下事项:

① 执行《企业会计制度》的企业,本年度全额计提坏账准备,或计提坏账准备的比例较大的(计提比例一般超过40%及以上的,下同),应单独说明计提的比例及其理由;

② 以前年度已全额计提坏账准备,或计提坏账准备的比例较大的,但在本年度又全额或部分收回的,或通过重组等其他方式收回的,应说明其原因,原估计计提比例的理由,以及原估计计提比例的合理性;

③ 执行《企业会计制度》的企业,本年度对某些金额较大的应收款项不计坏账准备,或计提坏账准备比例较低(一般为5%或低于5%)的理由;

④ 本年度实际冲销的应收款项及其理由。其中,实际冲销的关联交易产生的应收款项应单独披露。

(2) 应收款项应按下列格式分别进行披露(不执行《企业会计制度》的企业只列示应收账款情况),见表3-2。

表3-2 应收款项附注披露内容

账龄	期初金额			期末金额		
	金额	比例(%)	坏账准备	金额	比例(%)	坏账准备
1年以内						
1-2年						
2-3年						
3年以上						
合计						

(3) 应收账款、其他应收款的主要债务人。

2. 存货核算方法

(1) 说明存货分类、取得、发出、计价以及低值易耗品和包装物的摊销方法;本期存货跌价准备计提和转回的原因;用于担保的存货的账面价值。

(2) 存货应按下列格式披露, 见表3-3。

表3-3 存货附注披露内容

项 目	期初余额	期末余额
原材料		
在产品		
库存商品		
包装物及低值易耗品		
……		
合 计		

3. 长期股权投资

(1) 投资企业对被投资单位具有重大影响以上的, 应披露被投资单位清单及其主要财务信息。见表3-4。

表3-4 长期股权投资附注披露内容

被投资单位名称	注册地	业务性质	本企业持股比例	本企业在被投资单位表决权比例	期末资产总额	期末负债总额	本期营业收入总额	当期净利润
……								

(2) 如果被投资单位由于所在国家或地区及其他方面的影响, 其向投资企业转移资金的能力受到限制, 应披露该受限制的具体情况、原因、期限等。

(3) 按照权益法核算的长期股权投资, 在对被投资单位的长期权益减记至零以后, 如果仍存在账外备查登记的额外损失, 应披露该额外损失的累计金额及当期末予确认的金额。

(4) 如果投资合同或协议中约定，对于被投资单位发生的亏损，投资企业除了已投入资本及其他实质上构成投资的权益外，还应承担其他弥补义务的，应披露合同或协议中约定条款的内容，以及基于被投资单位目前生产经营情况估计或能承担该部分义务的情况。

4. 固定资产

(1) 固定资产的分类、使用寿命、预计净残值和折旧率（见表3-5）。

表3-5　固定资产附注披露内容1

固定资产的种类	使用寿命	预计净残值	折旧率
1. 房屋、建筑物			
2. 机器设备			
3. 运输工具			
……			

(2) 各类固定资产的期初和期末原价、累计折旧额及固定资产减值准备累计金额（见表3-6）。

表3-6　固定资产附注披露内容2

项　　目	年初余额	本期增加额	本期减少额	期末余额
一、原价合计				
其中：房屋、建筑物				
机器设备				
运输工具				
……				
二、累计折旧合计				
其中：房屋、建筑物				
机器设备				
运输工具				
……				

续表

项　目	年初余额	本期增加额	本期减少额	期末余额
三、固定资产减值准备累计金额合计				
其中：房屋、建筑物				
机器设备				
运输工具				
……				
四、固定资产账面价值合计				
其中：房屋、建筑物				
机器设备				
运输工具				
……				

（3）对固定资产所有权的限制及其金额和用于债务担保的固定资产账面价值。

（4）准备处置的固定资产名称、账面价值、公允价值、预计处置费用和预计处置时间等（见表3-7）。

表3-7　固定资产附注披露内容3

固定资产名称	账面价值	公允价值	预计处置费用	预计处置时间	准备采用的处置方式
1.					
2.					

5. 油气资产

（1）拥有国内和国外的油气储量年初、年末数据（见表3-8、表3-9）。

第3章 财务报表分析需要的重要信息

表3-8 油气资产附注披露内容1　　　数量单位：亿吨

石油储量	年末储量	年初储量
1. 国内石油储量		
2. 国外石油储量		
合　计		

表3-9 油气资产附注披露内容2　　　数量单位：亿立方米

天然气储量	年末储量	年初储量
1. 国内天然气储量		
2. 国外天然气储量		
合　计		

（2）当其在国内和国外发生的矿区权益的取得、油气勘探和油气开发各项支出的总额。

（3）油气资产的账面原价、累计折耗和减值准备累计金额（见表3-10）。

表3-10 油气资产附注披露内容3

项　目	年初余额	本期增加额	本期减少额	期末余额
一、原价合计				
1. 探明矿区权益				
2. 井及相关设施				
二、累积折耗合计				
1. 探明矿区权益				
2. 井及相关设施				
三、油气资产减值准备累计金额合计				
1. 探明矿区权益				
2. 井及相关设施				
四、油气资产账面价值合计				

续表

项　目	年初余额	本期增加额	本期减少额	期末余额
1. 探明矿区权益				
2. 井及相关设施				

6. 无形资产

（1）每一类无形资产的名称（如商标权、专利权、土地使用权等）及取得方式（外购或内部开发）。

（2）每一类无形资产的使用寿命情况，对于使用寿命有限的无形资产，其使用寿命或构成使用寿命的产量等类似计量单位数量；对于使用寿命不确定的无形资产，无法预见其为企业带来经济利益期限的原因。

（3）对于使用寿命有限的无形资产，其为企业带来经济利益的方式及在此基础上确定的摊销方法。

表 3-11　无形资产附注披露内容

项　目	无形资产成本	当期摊销额	当期计提减值准备	累计摊销额	累计减值准备	期末账面价值
1.						
2.						
3.						
……						
当期增加无形资产：						
1.						
2.						
3.						
……						
当期减少无形资产：						
1.						
2						
3.						

续表

项　　目	无形资产成本	当期摊销额	当期计提减值准备	累计摊销额	累计减值准备	期末账面价值
……						
合　　计						

（4）用于担保的无形资产的成本、累计摊销额及无形资产减值准备累计金额，涉及担保条款的主要内容，如担保期限，担保期间对该无形资产处置的限制等。

7. 营业收入

（1）营业收入的构成

表 3-12　营业收入附注披露内容

项　　目	本期发生额	上期发生额
1. 主营业务收入		
2. 其他业务收入		
合　　计		

（2）各项合同总金额、累计已发生成本、累计已确认毛利（或亏损）、已办理结算的价款金额进行单独列示。

8. 所得税费用

以会计利润为基础，针对企业发生的交易或事项会计处理与税务处理的差异进行调整后，确定应纳税所得税的具体情况。

表 3-13　营业收入附注披露内容

项　　目	本期发生额	上期发生额
会计利润		
加计项目合计		
减计项目合计		
应纳税所得额		

9. 合并会计报表的说明

说明合并范围的确定原则；本年度合并报表范围如发生变更，企业应说明变更的内容、理由。

10. 其他综合收益各项目及其所得税影响，以及前期计入其他综合收益、本期转入利润的金额等信息（见表3-14）。

表3-14 其他综合收益附注披露内容

项　　目	本期发生额	上期发生额
1. 可供出售金融资产		
加：当期利得（损失）金额		
减：前期计入其他综合收益当期转入利润的金额		
2. 按照权益法核算的在被投资单位其他综合收益中所享有的份额		
3. 现金流量套期工具		
加：当期利得（损失）金额		
减：前期计入其他综合收益当期转入利润金额		
当期转为被套期项目初始确认金额的调整额		
4. 境外经营外币折算差额		
5. 与计入其他综合收益项目相关的所得税影响		
6. 其他		
合　　计		

11. 有助于理解和分析会计报表需要说明的其他事项。

3.3 会计政策、会计估计及会计差错的变更

了解企业会计政策、会计估计以及重大会计差错变更的信息对于了解企业整体财务状况质量有着重要的影响，本节主要结合《企业会计准则第28

号—会计政策、会计估计变更和会计差错变更》及其应用指南,来理解其对报表分析的重要性。

3.3.1 会计政策变更

3.3.1.1 会计政策及其内容

会计政策是指企业在会计确认、计量和报告中所采用的原则、计量基础和会计处理方法。企业应当披露重要的会计政策,不具有重要性的会计政策可以不披露。判断会计政策是否重要,应当考虑与会计政策相关项目的性质和金额。

企业应当披露的重要会计政策如下:

(1) 存货。应披露确定发出存货成本所采用的方法、变现净值的确定方法以及存货准备的计提方法。

(2) 投资性房地产。应披露投资性房地产的计量模式,采用公允价值计量的,应披露其确定依据和方法。

(3) 固定资产。应披露固定资产的确认条件和计量基础,以及折旧方法。

(4) 无形资产。使用寿命有限的无形资产的使用寿命的估计情况;用寿命不确定的无形资产的使用寿命不确定的判断依据;无形资产的摊销方法;企业判断无形项目支出满足资本化条件的依据。

(5) 资产减值。应披露资产或资产组可收回金额的确定方法;可收回金额按照资产组的公允价值减去处置费用后的净额确定的,确定公允价值减去处置费用后的净额的方法、所采用的各关键假设及其依据;收回金额按照资产组预计未来现金流量的现值确定的,预计未来现金流量的各关键假设及其依据;分摊商誉到不同资产组合采用的关键假设及其依据。

(6) 收入。收入确认所采用的会计政策,包括确定提供劳务交易完工进度的方法。

(7) 所得税。确认递延所得税资产的依据。

(8) 外币折算。企业及境外经营选定的记账本位币及选定的原因,记账本位币发生变更的理由。

(9) 金融工具。

①对于指定为以公允价值计量且其变动计入当期损益的金融资产或金融负债,应当披露下列信息:a. 指定的依据;b. 指定的金融资产或金融负债的性质;c. 指定后如何消除或明显减少原来由于该金融资产或金融负债的计量基础不同所导致的相关利得或损失在确认或计量方面不一致的情况,以及是否符合企业正式书面文件载明的风险管理或投资策略的说明。

②指定金融资产为可供出售金融资产的条件。

③确定金融资产已发生减值的客观依据以及计算确定金融资产减值损失所使用的具体方法。

④金融资产和金融负债的利得和损失的计量基础。

⑤金融资产和金融负债终止确认条件。

⑥其他与金融工具相关的会计政策。

(10) 租赁。①承租人分摊未确认融资费用所采用的方法。②出租人分配未实现融资收益所采用的方法。

(11) 企业合并。①属于同一控制下企业合并的判断依据。②非同一控制下企业合并成本的公允价值的确定方法。

(12) 其他。

3.3.1.2 会计政策变更的含义及条件

会计政策变更,是指企业对相同的交易或事项由原来采用的会计政策改用另一会计政策的行为。当然,会计政策也不是绝对不能变更,根据《企业会计准则28号——会计政策、会计估计和会计差错变更》的规定,符合下列条件之一,应改变原采用的会计政策:

(1) 法律或会计准则等行政法规、规章要求的变更。

(2) 由于经济环境、客观情况的改变使得会计政策的变更能够提供有关企业财务状况、经营成果和现金流量等更可靠、更相关的会计信息。

3.3.1.3 会计政策变更在报表附注中的披露

企业应按照会计准则的要求在报表附注中披露如下与会计政策变更相关的事项:

(1) 会计政策变更的性质、内容和原因。

(2) 当期和各个列报前期财务报表中受影响的项目名称和调整金额。(会计政策变更的影响数主要指以下几方面：①采用追溯调整法时，计算出的会计政策变更的累积影响数；②会计政策变更对本期以及比较会计报表所列其他各期净损益的影响金额；③比较会计报表最早期间期初留存收益的调整金额。

(3) 会计政策变更无法进行追溯调整的事实和原因以及开始应用变更后的会计政策的时点、具体应用情况。

3.3.1.4 会计政策变更对财务报表分析的影响

在企业认定原来的会计政策不再能提供更可靠更相关的信息时，原则上应进行会计政策的变更，但是财务信息使用者应该注意到企业会计政策是否变更是以企业自身的主观判断为依据的，在某些情况下有可能是由于盈余管理的动机，因此信息使用者应留意企业主动变更政策的原因。与此同时，不论何种原因引起的企业会计政策的变更，均会导致企业不同会计年度之间的财务信息不具可比性。在对企业不同年度之间的财务信息进行比较时，应当对这种因会计政策变更而导致的财务信息差异进行剔除之后再进行比较分析。

3.3.2 会计估计变更

3.3.2.1 会计估计的含义及内容

会计估计，指企业对其结果不确定的交易或事项以最近可利用的信息为基础所做的判断。常见的需要进行估计的项目：

(1) 坏账；

(2) 存货遭受毁损、全部或部分陈旧过时；

(3) 固定资产的耐用年限与净残值；

(4) 无形资产的受益期；

(5) 递延资产的分摊期限；

(6) 收入确认中的估计，等等。

3.3.2.2 会计估计变更的含义及原因

会计估计变更,是指由于资产和负债的当前状况及预期经济利益和义务发生了变化,从而对资产或负债的账面价值或者资产的定期消耗金额进行调整。

会计估计变更的原因主要是由于企业经营活动中内在的不确定因素,许多财务报表项目不能准确地计量而只能加以估计,估计过程是以最近可以得到的信息为基础所做的判断。运用合理的估计在会计核算中必不可少。企业据以进行估计的基础发生了变化,或者由于取得新信息、积累更多经验以及后来的发展变化,则需要对会计估计进行修订。

3.3.2.3 会计估计变更在会计报表中的披露

企业应该按准则的规定在报表附注中披露有关会计估计变更的事项:
(1) 会计估计变更的内容和原因。
(2) 会计估计变更对当期和未来期间的影响金额。
(3) 会计估计变更的影响数不能确定的事实和原因。

在报表分析时,我们要特别注意企业主动进行会计估计变更的合理性,以及这种变更对企业财务状况的影响程度。

3.3.3 前期差错更正

3.3.3.1 前期差错的含义及内容

前期差错,是指由于没有运用或错误运用下列两种信息,而对前期财务报表造成省略漏报或错报。
(1) 编报前期财务报表时预期能够取得并加以考虑的可靠信息。
(2) 前期财务报告批准报出时能够取得的可靠信息。

前期差错通常包括计算错误、应用会计政策错误、疏忽或曲解事实以及舞弊产生的影响以及存货、固定资产盘盈等。

3.3.3.2 前期差错更正的会计处理方法

1. 本期发现的与本期相关的前期差错，无论是重要的前期差错还是不重要的前期差错，均应及时调整本期相关项目。

2. 本期发现的与以前期间相关的前期差错，需要根据前期差错的重要性水平来选择会计处理方法。

（1）重要的前期差错，是指足以影响财务报表使用者对企业财务状况、经营成果和现金流量做出正确判断的前期差错。采用追溯重述法更正重要的前期差错，在发现前期差错时，视同该项前期差错从未发生过，从而对财务报表相关项目进行更正的方法，如前期差错影响损益，应将其对损益的影响数调整发现当期的期初留存收益，会计报表其他相关项目的期初数也应一并调整；如不影响损益，应调整会计报表相关项目的期初数。如果前期差错累积影响数不能得到，则不用此法。

（2）不重要的前期差错，是指不足以影响财务报表使用者对企业财务状况、经营成果和现金流量做出正确判断的前期差错。对于不重要的前期差错，不调整财务报表相关项目的期初数，只调整发现当期的与前期相同的相关项目；属于影响损益的，应直接计入本期与上期相同的净损益项目；不影响损益的，应调整本期与前期相同的相关项目。

3.3.3.3 前期差错更正在会计报表附注中的披露

企业应当根据准则中的要求披露与前期差错更正相关的下列信息：
（1）前期差错的性质。
（2）各个列报前期财务报表中受影响的项目名称和更正金额。
（3）无法进行追溯重述的，说明该事实和原因以及对前期差错开始进行更正的时点、具体更正情况。

3.4 关联方关系及其交易的披露

我国《企业会计准则第 36 号　关联方披露》中规定企业财务报表中应当

披露所有关联方关系及其交易的相关信息。对外提供合并财务报表的,对于已经包括在合并范围内各企业之间的交易不予披露,但应当披露与合并范围外各关联方的关系及其交易。

3.4.1 与关联方及关联方交易的相关概念

3.4.1.1 关联方

一方控制、共同控制另一方或对另一方施加重大影响,以及两方或两方以上同受一方控制、共同控制或重大影响的,构成关联方。

控制,是指有权决定一个企业的财务和经营政策,并能据以从该企业的经营活动中获取利益。

共同控制,是指按照合同约定对某项经济活动所共有的控制,仅在与该项经济活动相关的重要财务和经营决策需要分享控制权的投资方一致同意时存在。

重大影响,是指对一个企业的财务和经营政策有参与决策的权力,但并不能够控制或者与其他方一起共同控制这些政策的制定。

3.4.1.2 关联方关系

企业会计准则 36 号中指出关联方关系主要指的是:

(1) 该企业的母公司。

(2) 该企业的子公司。

(3) 与该企业受同一母公司控制的其他企业。

(4) 对该企业实施共同控制的投资方。

(5) 对该企业施加重大影响的投资方。

(6) 该企业的合营企业。指按合同规定经营活动由投资双方或若干方共同控制的企业。当两个或多个企业或个人共同控制某一企业时,则该企业视为他们的合营企业。

(7) 该企业的联营企业。指投资者对其具有重大影响,但不是投资者的子公司或合营企业的企业。当某一企业或个人拥有另一企业 20% 或以上至 50% 表决权资本时,通常认为投资者对被投资企业具有重大影响,则该被投资企业视为投资者的联营企业。

（8）该企业的主要投资者个人及与其关系密切的家庭成员。主要投资者个人，是指能够控制、共同控制一个企业或者对一个企业施加重大影响的个人投资者。

（9）该企业或其母公司的关键管理人员及与其关系密切的家庭成员。关键管理人员，是指有权力并负责计划、指挥和控制企业活动的人员。与主要投资者个人或关键管理人员关系密切的家庭成员，是指在处理与企业的交易时可能影响该个人或受该个人影响的家庭成员。

（10）该企业主要投资者个人、关键管理人员或与其关系密切的家庭成员控制、共同控制或施加重大影响的其他企业。

此外，还应该注意到仅与企业存在下列关系的各方，不构成企业的关联方：

与该企业发生日常往来的资金提供者、公用事业部门、政府部门和机构。

与该企业发生大量交易而存在经济依存关系的单个客户、供应商、特许商、经销商或代理商。

与该企业共同控制合营企业的合营者。

仅仅同受国家控制而不存在其他关联方关系的企业，不构成关联方。

3.4.2 关联方交易的类型

关联方交易，是指关联方之间转移资源、劳务或义务的行为，而不论是否收取价款。判断关联方交易的存在应当遵循实质重于形式的原则。准则指出关联方交易的类型主要有：

（1）购买或销售商品。购买或销售商品是关联方交易较常见的交易事项，例如，企业集团成员之间互相购买或销售商品，从而形成了关联方交易。

（2）购买或销售除商品以外的其他资产。例如，母公司出售给其子公司的设备或建筑物等，购买或销售除商品以外的其他资产也是关联方交易的主要形式。

（3）提供或接受劳务。例如，A 企业为 B 企业的联营企业，A 企业专门从事设备维修服务，B 企业的所有设备均由 A 企业负责维修，B 企业每年支付设备维修费用 10 万元。因此，关联方之间提供或接受劳务，是关联方交易的主要形式。

（4）代理。代理主要是依据合同条款，一方可为另一方代理某些事务，如代理销售货物，或一方代另一方签订合同等。因此，关联方之间的代理业务，也是关联方交易的主要形式。

（5）租赁。租赁通常包括经营租赁和融资租赁等，关联方之间的租赁合同也是主要的交易事项。

（6）提供资金（包括以现金或实物形式提供的贷款或权益性资金）。例如，企业从其关联方取得资金，或权益性资金的变动等。因此，关联方之间提供资金也是主要的关联方交易。

（7）担保和抵押。担保包括在借贷、买卖、货物运输、加工承揽等经济活动中，为了保障其债权实现而实行的保证、抵押等。当存在关联方关系时，一方往往为另一方提供为取得借贷、买卖等经济活动中所需的担保。因此，关联方之间提供的担保和抵押也是关联方交易的主要形式。

（8）管理方面的合同。管理合同通常指企业与某一企业或个人签订管理企业或某一项目的合同，按照管理合同约定，由一方管理另一方的财务和日常经营。因此，管理方面的合同也是关联方交易的主要形式。

（9）研究与开发项目的转移。在存在关联方关系时，有时某一企业所研究与开发的项目会由于一方的要求而放弃或转移给其他企业。例如，B公司是A公司的子公司，A公司要求B公司停止对某一新产品的研究和试制，并将B公司研究的现有成果转给A公司最近购买的且研究和开发能力超过B公司的C公司继续研制。因此，关联方之间研究与开发项目的转移，是关联方交易的主要形式。

（10）许可协议。当存在关联方关系时，可能关联方之间达成某项协议，允许一方使用另下一方的商标等，从而形成了关联方之间的交易。

（11）关键管理人员报酬。企业支付给关键管理人员的报酬，也是一项主要的关联方交易。

3.4.3 关联方交易的披露

1. 企业无论是否发生关联方交易，均应在附注中披露的信息

（1）母公司和子公司的名称。

母公司不是该企业最终控制方的,还应当披露最终控制方名称。母公司和最终控制方均不对外提供财务报表的,还应当披露母公司之上与其最相近的对外提供财务报表的母公司名称。

（2）母公司和子公司的业务性质、注册地、注册资本（或实收资本、股本）及其变化。

（3）母公司对该企业或者该企业对子公司的持股比例和表决权比例。

2. 企业与关联方发生关联方交易的,应当在附注中披露该关联方关系的性质、交易类型及交易要素。交易要素至少应当包括：

（1）交易的金额。

（2）未结算项目的金额、条款和条件,以及有关提供或取得担保的信息。

（3）未结算应收项目的坏账准备金额。

（4）定价政策。

关联方交易应当分别关联方以及交易类型予以披露。类型相似的关联方交易,在不影响财务报表阅读者正确理解关联方交易对财务报表影响的情况下,可以合并披露。企业只有在提供确凿证据的情况下,才能披露关联方交易是公平交易。

3.4.4 关联方及其交易对报表分析中的影响

关联交易最大的特点是可以不依赖市场基础进行交易。关联方之间由于存在着密切的关联关系,他们能够通过"内部操纵"的关联交易来达到自己想要的目的。例如,当某个关联方在一定时期需要表现较多利润时,其他关联方就有可能通过向其以低于市场正常水平的价格提供产品或劳务,以高于市场正常水平的价格从其购买产品或劳务。这样,就可以把其他关联方的利润转移到需要高估利润的关联方,从而将其"包装"为外在盈利能力远远超过其实际盈利能力的企业。这种交易显然不是企业正常交易的结果。因此,信息使用者必须对企业关联方关系及其交易的合理性进行判断。

当然,在关联方的交易中,也有相当一部分的交易属于正常交易。正常的关联方交易通常具有以下特征：一是发生关联交易的双方有较强的业务关系,并且在集团整体价值链中这种交易是必不可少的,如：石油企业勘探、开发等上游业务企业与炼油化工等下游业务企业的必然业务关联；二是关联交易具有持续性和均衡性；三是关联交易的定价政策符合市场要求；四是关联交易是经过非关联股东的表决认可等。

3.5 资产负债表日后事项

3.5.1 资产负债表日后事项的相关概念及内容

资产负债表日后事项，是指资产负债表日至财务报告批准报出日之间发生的有利或不利事项。财务报告批准报出日，是指董事会或类似机构批准财务报告报出的日期。

资产负债表日后事项包括资产负债表日后调整事项和资产负债表日后非调整事项。其中：

1. 资产负债表日后调整事项，是指对资产负债表日已经存在的情况提供了新的或进一步证据的事项。企业发生的资产负债表日后调整事项，通常包括下列各项

（1）资产负债表日后诉讼案件结案，法院判决证实了企业在资产负债表日已经存在现时义务，需要调整原先确认的与该诉讼案件相关的预计负债，或确认一项新负债。

（2）资产负债表日后取得确凿证据，表明某项资产在资产负债表日发生了减值或者需要调整该项资产原先确认的减值金额。

（3）资产负债表日后进一步确定了资产负债表日前购入资产的成本或售出资产的收入。

（4）资产负债表日后发现的财务报表舞弊或差错。

2. 资产负债表日后非调整事项，是指表明资产负债表日后发生的情况的事项。企业发生的资产负债表日后非调整事项，通常包括下列各项

（1）资产负债表日后发生重大诉讼、仲裁、承诺。

（2）资产负债表日后资产价格、税收政策、外汇汇率发生重大变化。

（3）资产负债表日后因自然灾害导致资产发生重大损失。

（4）资产负债表日后发行股票和债券以及其他巨额举债。

(5) 资产负债表日后资本公积转增资本。

(6) 资产负债表日后发生巨额亏损。

(7) 资产负债表日后发生企业合并或处置子公司。

需要特别注意的是资产负债表日后事项表明持续经营假设不再适用的，企业不应当在持续经营基础上编制财务报表。资产负债表日后，企业利润分配方案中拟分配的以及经审议批准宣告发放的股利或利润，不确认为资产负债表日的负债，但应当在附注中单独披露。

3.5.2 资产负债表日后事项的披露

企业应当在附注中披露与资产负债表日后事项有关的下列信息：

（1）财务报告的批准报出者和财务报告批准报出日。按照有关法律、行政法规等规定，企业所有者或其他方面有权对报出的财务报告进行修改的，应当披露这一情况。

（2）每项重要的资产负债表日后非调整事项的性质、内容，及其对财务状况和经营成果的影响。无法做出估计的，应当说明原因。

对于企业在资产负债表日后取得了影响资产负债表日存在情况的新的或进一步的证据，应当调整与之相关的披露信息。

3.5.3 资产负债表日后事项对报表分析的影响

调整事项与非调整事项的最大区别就是该事项在资产负债日是否存在。如果事项存在，那么就属于调整事项，在获得进一步信息或证据的基础上应对报表项目进行调整，其对财务状况质量分析的影响，已经体现在相应的报表项目中。而对于非调整事项，则在资产负债表是不存在的，但由于其对判断企业未来发展方向有着重要影响，故应在报表附注中予以充分披露，以便于财务信息使用者对企业未来财务状况进行合理的评价并做出科学决策。

3.6 审计报告

审计报告，是指注册会计师对企业财务报表所出具的就企业财务报表的编制是否恰当地反映了企业的财务状况和经营成果所出具的意见。我国上市公司的年度财务报表一般均应经注册会计师审计并出具审计报告。审计报表所提供对财务报表的专业审计意见，对财务信息使用者分析企业的财务报表具有重要的参考和借鉴意义。

3.6.1 审计报告的作用

注册会计师签发的审计报告，主要具有鉴证、保护和证明三方面的作用。

1. 鉴证作用

注册会计师签发的审计报告，不同于政府审计和内部审计的审计报告，是以外部"超然独立"的第三方身份对被审计单位财务报表的合法性、公允性发表意见。这种意见，具有鉴证作用，得到了政府有关部门和社会各界的普遍认可，如：注册会计师出具的审计报告通常是财政部门、税务部门等政府相关部门判断企业财务报表是否合法、公允的主要依据。股东等投资者也是主要依据注册会计师的审计报告来判断被投资企业的财务报表是否公允地反映了财务状况和经营成果，以进行投资决策等。

2. 保护作用

注册会计师在通过一定的审计程序、采用合理的审计方法后，可以对被审计单位财务报表出具不同类型审计意见的审计报告，以提高或降低财务报表信息使用者对财务报表的信赖程度，能够在一定程度上对被审计单位的财产、债权人和股东的权益及企业利害关系人的利益起到保护作用。

3. 证明作用

审计报告是对注册会计师审计任务完成情况及其结果所做的总结，它可以表明审计工作的质量并明确注册会计师的审计责任。因此，审计报告可以对审计工作质量和注册会计师的审计责任起证明作用。通过审计报告，可以证明注册会计师在审计过程中是否实施了必要的审计程序，是否以审计工作底稿为依据发表审计意见，发表的审计意见是否与被审计单位的实际情况相一致，审计工作的质量是否符合要求。通过审计报告，可以证明注册会计师审计责任的履行情况。

3.6.2 审计报告的基本要素及类型

3.6.2.1 审计报告的基本要素

审计报告应当包括下列要素：①标题；②收件人；③引言段；④管理层对财务报表的责任段；⑤注册会计师的责任段；⑥审计意见段；⑦注册会计师的签名和盖章；⑧会计师事务所的名称、地址及盖章；⑨报告日期。

3.6.2.2 审计报告的类型

按照我国独立审计准则的规定，注册会计师在完成其报表审计任务后根据公司具体的实际情况主要出具四种基本类型审计意见的审计报告，即无保留意见的审计报告、保留意见的审计报告、反对意见的审计报告和无法发表意见的审计报告。

1. 无保留意见的审计报告

无保留意见是指注册会计师对被审计单位的会计报表，依照独立审计准则的要求进行审查后，确认被审计单位采用的会计处理方法遵循了会计准则及有关规定；会计报表反映的内容符合被审计单位的实际情况；会计报表内容完整，表达清楚，无重要遗漏；报表项目的分类和编制方法符合规定要求，因而对审计单位的会计报表无保留地表示满意。无保留意见意味着注册会计师认为会计报表的反映是恰当的，能满足非特定多数的利害关系人的共同需要，并对表示的该意见负责。

注册会计师经过审计后，认为被审计单位会计报表的编制符合下述情况时，应出具无保留意见的审计报告：

(1) 会计报表的编制符合《企业会计准则》和国家其他财务会计法规的规定。

(2) 会计报表在所有重要方面恰当地反映了被审计单位的财务状况、经营成果和资金变动情况。

(3) 会计处理方法遵循了一致性原则。

(4) 注册会计师已按照独立审计准则的要求，完成了预定的审计程序，在审计过程中未受阻碍和限制。

（5）不存在影响会计报表的重要的未确定事项。

（6）不存在应调整而被审计单位未予调整的重要事项。

2. 保留意见的审计报告

注册会计师通过审查，如果对被审计单位的会计报表有异议，或存在某些疑问，就不能签发无保留意见的审计报告，注册会计师应根据被审计单位的实际情况及所掌握的审计证据，签发保留意见、反对意见或拒绝表示意见的审计报告。

保留意见是指注册会计师对会计报表反映的内容有所保留的审计意见。一般是由于某些事项的存在，使无保留意见的条件不完全具备，影响了被审计单位会计报表的表达，因而注册会计师对无保留意见加以修正，对影响事项提出保留意见，并表示对该意见负责。

注册会计师经过审计后，认为被审计单位会计报表就其整体而言是恰当的，但还存在着下述情况之一的，应出具保留意见的审计报告：

（1）个别重要财务会计事项的处理或个别重要会计报表项目的编制不符合《企业会计准则》和国家其他有关财务会计法规的规定，被审计单位未予调整。

（2）因审计范围受到局部限制，无法按照独立审计准则的要求取得应有的审计证据。

（3）个别会计处理方法不符合一致性原则的要求。

（4）存在对会计报表反映有重要影响的个别未确定事项。

注册会计师在遇到上述可能对被审计单位会计报表产生较大影响的重要事项时，应在审计意见中加以保留。上述保留事项可主要归纳为以下四类：

（1）未调整事项。即被审计单位的会计处理方法与注册会计师的意见不一致，又不愿进行调整的，而且这种不一致所产生的差异能够准确地加以计量。一般说来，注册会计师在审计过程中提出的应予调整的项目，被审计单位已经做了处理的，如调整本年度会计报表，或在不便调整时，在会计报表的附注中加以反映的，审计报告中就不再表示保留，只在相应的审计工作底稿中列示。但被审计单位对于注册会计师认为比较重要的审计调整事项不进

第3章 财务报表分析需要的重要信息

行调整，注册会计师应将这些对审计意见有较大影响的内容在审计报告中明确提出，并说明其理由，指出这些调整对被审计单位提供的会计报表可能产生的影响。

（2）审计范围受到局部限制。即注册会计师在审计过程中应实施的审计程序，由于审计范围受到局部限制而无法实施，也难于实施必要的替代审计程序，而且无法实施的审计程序对被审计单位的会计报表可能产生影响。

（3）不符合一致性原则的事项。即被审计单位的个别会计处理方法，虽符合《企业会计准则》和国家其他有关财务会计法规的规定，但前后期不一致，而且这种不一致导致对会计报表的影响是可以计量的。

（4）未确定事项。即被审计单位和注册会计师共同努力都不能预计、确认其对会计报表影响程度的事项。

注册会计师出具保留意见的审计报告时，应在"意见段"之前另设"说明段"，以说明所持保留意见的理由，并在"意见段"中使用"除存在上述问题以外""除上述问题造成的影响以外"或"除上述情况待定以外"等保留意见的特定术语，其余应该使用无保留意见的审计报告的术语，表示其他事项已做了恰当的反映。

3. 否定意见的审计报告

否定意见是指与无保留意见相反，提出否定会计报表恰当地反映被审计单位财务状况、经营成果和资金变动情况的审计意见。

当未调整事项、未确定事项、违反一致性原则的事项等对会计报表的影响程度在一定范围内时，注册会计师可以表示保留意见。但是如果其影响程度超出一定范围，致使会计报表的内容严重误导信息使用者的决策，注册会计师就应表示否定意见。

注册会计师经过审计后，认为被审计单位的会计报表存在下述情况之一时，应当出具否定意见的审计报告：

（1）会计处理方法严重违反《企业会计准则》和国家其他有关财务会计法规的规定，被审单位拒绝进行调整。

（2）会计报表严重歪曲了被审单位的财务状况、经营成果和资金变动情况，被审单位拒绝进行调整。

注册会计师在出具表示否定意见的审计报告时，应在"意见段"之前另设"说明段"，说明所持否定意见的理由，并在"意见段"中使用"由于上述问题造成的重大影响""由于受到前段所述事项的影响"等专业术语，并指出会计报表"不能恰当地反映""不符合……规定"等问题。

4. 无法表示意见的审计报告

无法表示意见是指注册会计师说明其对被审计单位的会计报表不能表示意见，也即对会计报表不发表包括肯定、否定或保留的审计意见。

注册会计师在审计过程中，由于受到委托人、被审计单位或客观环境的严重限制，不能获取必要的审计证据，以致无法对会计报表整体表示审计意见时，应当出具无法发表意见的审计报告。

注册会计师在出具无法发表意见的审计报告时，应在"意见段"之前另设"说明段"，以说明无法发表意见的理由，并在"意见段"中使用"由于审计范围受到严重限制""由于无法实施必要的审计程序""由于无法获取必要的审计证据"等术语，并指出"我们无法对上述会计报表整体表示审计意见"。

必须强调的是，审计意见是注册会计师职业判断的结果，其判断受多种因素的制约，既有注册会计师主观业务水平方面的因素，也有企业对注册会计师意见形成的客观影响因素。

3.6.3 审计报告范文

本书以一份标准无保留意见的审计报告作为示例，来直观地展现审计报告的格式和内容，以便读者能更好地理解和掌握其在报表分析中的价值和作用。

ABC 股份有限公司全体股东：

我们审计了后附的 ABC 股份有限公司（以下简称 ABC 公司）财务报表，包括20××年12月31日的资产负债表，20××年度的利润表、股东权益变动表和现金流量表以及财务报表附注。

1. 管理层对财务报表的责任

按照企业会计准则和《××会计制度》的规定编制财务报表是 ABC 公司

管理层的责任。这种责任包括：①设计、实施和维护与财务报表编制相关的内部控制，以使财务报表不存在由于舞弊或错误而导致的重大错报；②选择和运用恰当的会计政策；③做出合理的会计估计。

2. 注册会计师的责任

我们的责任是在实施审计工作的基础上对财务报表发表审计意见。我们按照中国注册会计师审计准则的规定执行了审计工作。中国注册会计师审计准则要求我们遵守职业道德规范，计划和实施审计工作以对财务报表是否不存在重大错报获取合理保证。

审计工作涉及实施审计程序，以获取有关财务报表金额和披露的审计证据。选择的审计程序取决于注册会计师的判断，包括对由于舞弊或错误导致的财务报表重大错报风险的评估。在进行风险评估时，我们考虑与财务报表编制相关的内部控制，以设计恰当的审计程序，但目的并非对内部控制的有效性发表意见。审计工作还包括评价管理层选用会计政策的恰当性和做出会计估计的合理性，以及评价财务报表的总体列报。

我们相信，我们获取的审计证据是充分、适当的，为发表审计意见提供了基础。

3. 审计意见

我们认为，ABC公司财务报表已经按照企业会计准则和《××会计制度》的规定编制，在所有重大方面公允反映了ABC公司20××年12月31日的财务状况以及20××年度的经营成果和现金流量。

××会计师事务所　中国注册会计师：×××

（签名并盖章）

（盖章）中国注册会计师：×××

（签名并盖章）

中国××市　二〇××年×月×日

第 4 章　财务报表分析常用方法

【预期目标】

通过本章学习，理解和掌握：(1) 掌握财务报表分析的逻辑路径；(2) 掌握财务报表分析的四种基本方法的含义和特点。

【重点与难点】

重点：财务报表分析的逻辑路径；报表分析的基本方法

难点：比率分析法；质量分析法

【知识结构框图】

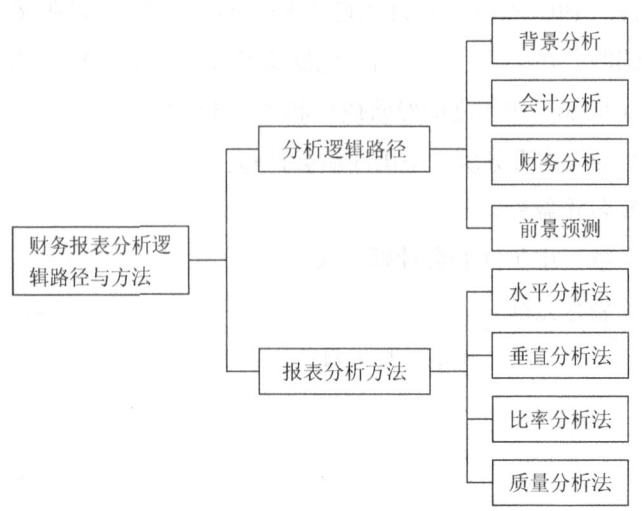

第4章 财务报表分析常用方法

【章前引例】

蓝田股份是一家以农业为主的综合性经营企业。自1996年6月上市一直到2000年,蓝田在财务数据上一直保持着神奇的增长速度。总资产规模从上市前的2.66亿元发展到2000年末的28.38亿元,增长了10倍,历年年报的业绩都在每股0.60元以上,最高达到1.15元。创造了中国农业企业罕见的"蓝田神话",被称作是"中国农业第一股"。

2001年10月26日,刘姝威在《金融内参》上发表文章《应立即停止对蓝田股份发放贷款》,对蓝田造假行为进行了揭露。她在对蓝田的资产结构、现金流情况和偿债能力做了详尽分析后,得出的结论是蓝田业绩有惊人的虚假成分,公司已经无力归还20亿元贷款。问题包括:①蓝田已无力还债。2000年蓝田的流动比率是0.77,这说明短期可转换成现金的流动资产,不足以偿还到期流动负债;速动比率是0.35,这说明扣除存货后,流动资产只能偿还35%的到期流动负债;净营运资金-1.3亿元,这说明蓝田将不能按时偿还1.3亿元的到期流动负债;②12.7亿元农副水产品收入有造假嫌疑;③蓝田的资产结构是虚假的。2000年蓝田股份的流动资产占资产百分比约是同业平均值的1/3;而存货占流动资产百分比约高于同业平均值的3倍;固定资产占资产百分比高于同业平均值的1倍多;在产品占存货百分比高于同业平均值的1倍;在产品绝对值高于同业平均值的3倍;存货占流动资产百分比高于同业平均值的1倍。

而截止到2002年8月,向蓝田提供贷款的银行包括工、农、中、建、民生、交通、中信、浦发等中国各大专业银行,贷款总规模达30多亿元人民币。蓝田存在造假嫌疑的消息一经公开,便引起了轩然大波,各个专业银行纷纷停止了对其贷款支持,蓝田由此深陷泥潭。

蓝田可能的造假手法是多计存货价值、多计固定资产、虚增销售收入、虚减销售成本。主要疑点有:

(1)应收账款之谜。公司2000年销售收入18.4亿元,而应收账款仅857.2万元。2001年中期这一状况也未改变:销售收入8.2亿元,应收账款3159万元。在现代信用经济条件下,无法想象,一家现代企业数额如此巨大的销售,都是在"一手交钱,一手交货"的自然经济状态下完成的?其水产品销售，不可能是直接与每一个消费者进行交易，必然需要代理商进行代理，因此水产品销售全部"以现金交易结算"的说法是难以成立的；而销售收入达 5 亿元之巨的野藕汁、野莲汁等饮料，不可能也是以现金交易结算。

（2）融资行为与现金流表现不符。2001 年中报显示，蓝田股份加大了对银行资金的依赖程度，流动资金借款增加了 1.93 亿元，增加幅度达 200%。这与其良好的现金流表现不太相符。按照公司优秀的现金流表现，自有资金是充足的，况且其账上尚有 11.4 亿元的未分配利润，又何以会这样依赖于银行借贷？

（3）饮料毛利不科学。2000 年年报以及 2001 中报显示，蓝田股份水产品的毛利率约为 32%，饮料的毛利率达 46% 左右，驰名品牌承德露露毛利率不足 30%。从公司销售的产品结构来看，以农产品为基础的相关产品，都应是低附加值商品，一般情况下，这种产品结构的企业，除非是基于以下几种情况才会有如此高的毛利率：①产品市场被公司绝对垄断，产品价格由公司完全控制；②产品具有超常低成本的优势。从实际情况看，以公司现有的行业属性、市场环境、产品技术含量等方面进行评估，达到这样高的盈利水平的可能性很小。

（4）鱼塘里的业绩神话。蓝田股份上市后的业绩增长令人惊叹，该公司 1995 年净利润 2743.72 万元，1996 年上市当年翻番实现 5927 万元，1997 年至 1999 年三年分别为 14261.87 万元、36472.34 万元和 54302.77 万元。蓝田股份的业绩几乎年年实现翻番增长，直到 2000 年后才出现萎缩，降至 43162.86 万元。蓝田股份的业绩主要来自"神奇"的鱼塘效益。据估计，蓝田一亩水面的产值要达到 2 到 3 万元钱，才能符合其业绩水平。每亩 3 万元，意味着蓝田一亩水面至少要产三四千公斤鱼，就是说不到一米多深的水塘里，每平方米水面下要有 50~60 公斤鱼在游动，这么大的密度，不说别的，光是氧气供应就是大问题，恐怕只有在实验室才能做得到，而蓝田股份的鱼苗，堪称世界"无氧鱼"系列。

资料来源：[1] 宋夏云. 蓝田失败案例研究 [J]. 中国内部审计，2005，03：41-44.

[2] 中国证券网.

第4章 财务报表分析常用方法

> **请思考**

1. 简要阐述财务报表分析的逻辑路径。
2. 财务报表分析有几种常用方法?每种方法的主要特点是什么?
3. 比率分析法通常包含几类比率?请分别针对每一类比率举出几个有代表意义的指标并说明经济含义。
4. 什么是质量分析法?质量分析的主要内容是什么?

4.1 财务报表分析的逻辑路径

4.1.1 背景分析

4.1.1.1 宏观环境分析

宏观环境是指影响一切行业和企业的各种宏观因素。对宏观环境因素作分析,不同行业和企业根据自身特点和经营需要,分析的具体内容会有差异,但一般都应对政治(Politics)、经济(Economic)、社会(Society)和技术(Technology)这四大类影响企业的主要外部环境因素进行分析,这种方法简称为 PEST 分析法。PEST 分析是用来帮助企业了解企业外部宏观环境的一种方法。(见图 4-1)

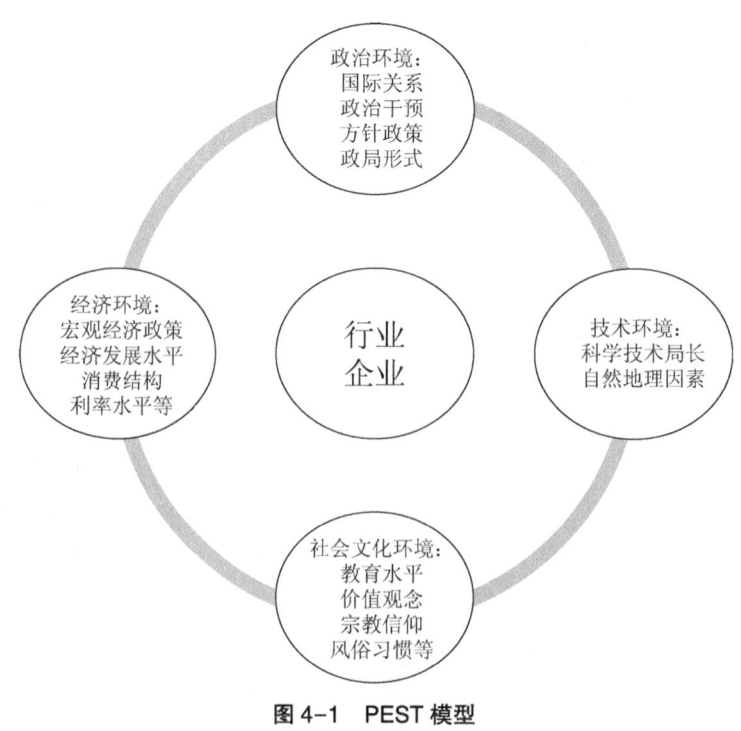

图 4-1 PEST 模型

其中,四大方面的影响因素包括:

(1) P 即 Politics,政治因素,是指对组织经营活动具有实际与潜在影响的政治力量和有关的法律、法规等因素。政治、法律环境与经济环境是密不可分的,当政治制度与体制、政府对组织所经营业务的态度发生变化时,企业的经营战略必须随之做出调整。因此,处于竞争中的企业必须仔细研究国家的经济政策、国际贸易规则、知识产权法规、劳动保护和社会保障等相关政策法规。这些政策法规的调整或变化会对各行业的运营产生重大影响。

(2) E 即 Economic,经济因素,是指一个国家的经济制度、经济结构、产业布局、资源状况、经济发展水平以及未来的经济走势等。构成经济环境的关键要素包括 GDP 的变化发展趋势、利率水平、通货膨胀程度及趋势、失业率、居民可支配收入水平、汇率水平、能源供给成本、市场机制的完善程度、市场需求状况等。经济环境的变化决定和影响企业自身战略的制定。同时随着经济全球化趋势的日益加深,各国家之间经济上的相互依赖性日益加强,使得企业在各种战略的决策过程中还需要预测和评估本国以外其他国家的经济状况。

(3) S 即 Society,社会因素,是指组织所在社会中成员的民族特征、文化传统、价值观念、宗教信仰、教育水平以及风俗习惯等因素。构成社会环境的要素包括人口规模、年龄结构、种族结构、收入分布、消费结构和水平、人口流动性等。其中人口规模直接影响着一个国家或地区市场的容量,年龄结构则决定消费品的种类及推广方式。

(4) T 即 Technology,技术因素。技术要素不仅仅包括那些引起革命性变化的发明,还包括与企业生产有关的新技术、新工艺、新材料的出现和发展趋势以及应用前景。技术领域迅速的变化改变了人类生产、生活的方式,企业的生产经营方式、商业运作模式都发生的翻天覆地的革新,如:电子商务技术的广泛应用等。

4.1.1.2 行业背景分析

一个公司的发展不能撇开行业的大背景,报表信息使用者在进行报表分析时,一定要很好地把握和分析企业所处行业的经济特征,行业经济特性是一个行业区别于另一个行业的标志,分析企业所处的行业的经济特性,如行业的增长状况、竞争特征、需求特征、技术特征、盈利特征等。可以提高分析的精准度，增强对财务数字的理解和认识。

首先，行业背景分析应了解该行业的市场结构和状况。通过分析该行业相关产品的更新换代速度，是否有替代品，行业进入的难易程度，市场份额的分割状况，判断市场竞争的激烈程度，然后结合自身企业状况，认清企业在行业中所处的位置和竞争能力。

其次，行业背景分析应关注行业的平均收益率和风险水平。行业平均收益率和风险水平不仅代表了一个行业的发展状态，也是单个企业进行财务报表分析的重要参照，它对报表信息使用者的分析判断具有"航标"作用。

再次，行业背景分析还应关注相关的产业政策。产业政策关系到企业所在行业的发展前景及目前是否能享受到相关的优惠政策，若企业经营项目属于国家鼓励发展的产业，其经营将会获得持续稳定发展；若属于国家限制发展的产业，必然导致其经营发展受限。为此，分析者必须关注国家有关产业政策，以了解公司是否能持续经营，是否有良好的发展前景。

最后，行业背景分析还应结合企业生命发展周期来分阶段分析。判断行业处于生命周期所处阶段的指标有市场份额（市场占有率）、需求增长率、产品品种和竞争者数量等。根据这些指标的不同表现特征，一般将企业发展周期划分为四个不同阶段：初创期、成长期、成熟期和衰退期。

（1）初创期。

处于初创期的企业，其产品设计尚未成熟，行业利润率较低，市场增长率较高，需求增长较快，技术变动较大，行业中的用户主要致力于开辟新用户、占领市场，但此时技术上有很大的不确定性，在产品、市场、服务等策略上有很大的余地，对行业特点、行业竞争状况、用户特点等方面的信息掌握不多，企业进入壁垒较低。

（2）成长期。

处于成长期的企业基本形成了自己独特的产品系列，产品市场份额稳步提高，市场竞争能力逐渐增强，业绩增长速度加快。企业在竞争产业中已经有了比较明确的市场定位，为了保持现有的发展速度，企业会不断寻求新的业务，寻求新的利润增长点。

(3) 成熟期。

处于成熟期的企业一般市场增长率不高，需求增长率不高，技术上已经成熟，行业特点、行业竞争状况及用户特点非常清楚和稳定，买方市场形成，行业盈利能力下降，新产品和产品的新用途开发更为困难，行业进入壁垒很高。

(4) 衰退期。

处于衰退期的企业产品市场份额逐渐下降，新产品试制失败，或还没有完全被市场所接受；管理阶层的官僚主义、本位主义严重，部门之间相互推诿责任、士气低落；出现亏损，股票价格逐渐下跌。此时，被竞争对手接管、兼并的可能性增大，企业生存受到威胁。

总之，处于不同生命周期的企业会表现出不同的财务特征，初创期的企业，利润偏低，风险较大；成长期的企业，盈利能力提高，抗风险能力增强；成熟期的企业，盈利能力较强，具有明显的竞争优势；衰退期的企业，盈利能力下降，发展前景不容乐观。

4.1.1.3 企业竞争战略分析

企业竞争战略，主要是指企业产品和服务参与市场竞争的方向、目标、方针及其策略。公司竞争战略的选择由两个中心问题构成。一是产业选择问题，因为各个产业并非都提供同等的持续盈利机会，一个企业所属产业的内在盈利能力是决定该企业获利能力的一个基本要素；二是竞争地位问题。即如何在一个选定的产业内决定企业的竞争地位。在大多数产业里，不管产业盈利能力如何，总有一些企业比其他企业更有利可图。

企业的竞争战略包括：总成本领先战略、差异化战略、专一化战略。

1. 总成本领先战略

成本领先要求坚决地建立起高效规模的生产设施，在经验的基础上全力以赴降低成本，抓紧成本与管理费用的控制，以及最大限度地减少研究、开发、服务、推销、广告等方面的成本费用，使成本低于竞争对手。由于企业成本较低，当别的企业在竞争过程中已失去利润时，这个企业依然可以获得利润。

赢得总成本最低的有利地位通常要求具备较高的相对市场份额或其他优势，诸如与原材料供应方面的良好联系等，或许也可能要求产品的设计要便于制造生产，易于保持一个较宽的相关产品线以分散固定成本，以及为建立起批量而对所有主要顾客群进行服务。

一旦公司赢得了总成本领先的地位，所获得的较高的边际利润又可以重新对新设备、现代设施进行投资以维护成本上的领先地位，而这种再投资往往是保持低成本状态的先决条件。

2. 差别化战略

差别化战略是将产品或公司提供的服务差别化，树立起一些全产业范围中具有独特性的东西。实现差别化战略可以有许多方式：设计名牌形象、技术上的独特、性能特点、顾客服务、商业网络及其他方面的独特性。最理想的情况是公司在几个方面都有其差别化特点。例如，履带拖拉机公司不仅以商业网络和优良的零配件供应服务著称，而且以其优质耐用的产品质量享有盛誉。

如果差别化战略能够成功地实施，它就成为在一个产业中赢得高水平收益的积极战略，但是，企业在建立差别化战略的活动中总是会伴随着很高的成本代价，有时即便所有客户都了解公司的独特优点，也并不是都愿意或有能力支付公司要求的高价格。

3. 专一化战略

专一化战略是主攻某个特殊的顾客群、某产品线的一个细分区段或某一地区市场。这一战略依靠的前提思想是：公司业务的专一化能够以高的效率、更好的效果为某一狭窄的战略对象服务，从而超过在较广阔范围内竞争的对手们。这样做的结果，是公司或者通过满足特殊对象的需要而实现了差别化，或者在为这一对象服务时实现了低成本，或者二者兼得。这样的公司可以使其盈利的潜力超过产业的普遍水平。这些优势保护公司抵御各种竞争力量的威胁。

但专一化战略常常意味着限制了可以获取的整个市场份额。专一化战略必然地包含着利润率与销售额之间互以对方为代价的关系。

企业不论选择哪一种战略，都必须有一个明确的战略，因为徘徊其间的公司处于极其糟糕的战略地位。这样的公司缺少市场占有率、缺少资本投资，几乎注定是低利润的，一旦公司处于徘徊状况，摆脱这种令人不快的状态往往要花费时间并经过一段持续的努力；而相继采用三个战略，波特认为注定会失败，因为它们要求的条件是不一致的。

4.1.2 会计分析

会计分析，是在既定的会计准则之下，对已通过会计核算方法加工处理的会计数据进行的一种梳理，借以发现会计政策、会计方法选择的恰当性与失当性，以做出更为合理的选择的一种技术方法。

由于现行财务报表采用的是以权责发生制为基础，在报表编制的过程中不可避免地需要大量的职业判断与估计。管理层作为公司的具体经营者往往拥有一定的会计政策选择权，这使得他们有机会在财务报表中更好地披露企业的信息，但同时也会带来一定的负面影响，例如，管理层的政策选择往往会受到企业薪酬计划、债务契约以及政治成本的影响，而使得管理层有可能通过不恰当地实施会计政策选择权达到一定的契约目标，从而使得财务报表信息有所偏差。为了限制管理层滥用会计政策选择权，各国都会制定相应的会计准则来制约企业对会计问题的处理方法与方式。但事实上，无论是哪种会计准则都无法完全保证财务报表信息的真实公允，因此会计准则体系制约下的财务报表中仍然存在着许多的隐性信息，恰当的财务报表分析不应完全以报表上的原始数据为基准，而是应该通过一定的会计分析程序对其进行有效的调整后再进行分析。

此外，在会计分析时应借助审计报告这一重要的派生信息，特别是注册会计师出具的带有审计意见的审计报告，它们通常已经指出关于企业财务报表中的"高危区域"，从而帮助信息使用者更准确地确定报表分析的重点。

4.1.3 财务分析

财务分析主要是运用一定的报表分析方法，结合前面的背景分析和会计分析的资料，针对财务报表的具体项目所进行的分析。财务分析通常包括资产分析、资本结构分析、利润分析、所有者权益分析、现金流量分析，目的是从偿债能力、盈利能力、资产管理效率以及现金流管理能力等多维度对企业的财务状况做出综合的评价。

4.1.4 前景预测

报表信息使用者可以根据企业财务状况的评价结果,一是可以判断企业对其经营战略遵从程度的高低;二是可以对企业的管理质量进行透视和诊断,找出管理中存在的问题并加以改进;三是通过对企业过去财务状况的分析,来预测企业未来发展的前景。例如,某个以经营活动为主导盈利模式的企业,在对其财务报表进行综合分析之后,发现该企业自身经营活动的盈利能力很强,利润结构主要以经常性损益为主,波动性较小,不良资产占用较少,资产周转效率很高,同时具有造血功能的经营活动现金流非常充裕。根据这些对过去财务数据的分析结果,只要外部环境没有发生重大变化,信息使用者完全可以做出企业未来一定拥有良好发展前景的预测。

综上,我们可以看到财务报表分析基本是沿着"背景分析→会计分析→财务分析→前景预测"的逻辑路径来逐步达到目标的。

目前国内常用的报表分析方法主要有四种:水平分析法、垂直分析法、比率分析法和质量分析法。我们将在下面的内容里逐一进行详细介绍。

4.2 水平分析法

4.2.1 水平分析法的含义

水平分析法,指将反映企业报告期财务状况的信息与反映企业前期或历史某一时期财务状况的信息进行对比,研究企业各项经营业绩或财务状况的发展变动情况的一种财务分析方法。水平分析法的特点是将报表中的同一项目在不同时期之间进行对比。

4.2.2 水平分析法的类型

根据水平分析法的含义将其具体划分为两个类型:比较分析法和指数趋势分析法。

4.2.2.1 比较分析法

1. 比较分析法的定义

比较分析法是将上市公司两个年份的财务报表中两个或两个以上有内在联系的、可比的指标进行比较分析,旨在找出单个项目各年之间的不同,以便发现某种趋势。在进行比较分析时,除了可以针对单个项目研究其趋势,还可以针对特定项目之间的关系进行分析,以揭示出隐藏的问题。

2. 比较分析法的比较标准

(1) 公认标准。是对各类企业不同时期都普遍使用的指标评价标准。

(2) 行业标准。是反映某行业水平的指标评价标准。在比较分析时,可以用本企业的财务指标与同行业的平均水平指标、同行业的先进水平指标、同行业的公认标准指标对比。通过行业标准指标比较有利于揭示本企业在同行业中所处的地位及存在的差距。

(3) 目标标准。是反映本企业行业目标水平的指标评价标准。当企业的实际财务指标达不到目标标准时,应进一步分析原因以便改进财务管理工作。

4.2.2.2 指数趋势分析法

1. 指数趋势分析法的含义

指数趋势分析法是在分析连续几年(一般在三年以上)的财务报表时,以其中一年的数据为基期数据(通常是以最早的年份为基期),将基期的数据值定为100,其他各年的数据转换为基期数据的百分数,然后比较分析相对数的大小,得出有关项目的趋势。

在使用指数时需要注意的是:由指数得到的百分比的变化趋势都是以基期为参考,是相对数的比较,优点是可以观察多个期间数值的变化,得出一段时间内数值变化的趋势。如果将通货膨胀的因素考虑在内,将指数除以通货膨胀率,就得到去除通货膨胀因素后的金额的实际变化,更能真实反映数据的实际变化趋势。

2. 运用趋势分析法应注意的问题

(1) 相比较的两个项目必须是彼此关联的。

（2）各种指标计算出来以后要和本企业历史、同类企业相比才更有意义。

（3）计算出来的指标所依据的会计报表资料不一定反映企业的真实情况。例如，报表数据未按通货膨胀或物价水平调整；非流动资产的余额是按历史成本减折旧或摊销计算的，不代表现行成本或变现价值；财产盘盈或坏账损失等非常或偶然的事项可能会歪曲本期的净收益。

例如，以表 4-1 万科利润表为例，分析其 2011 年至 2014 年利润变化的趋势及可能的变化原因。

表 4-1　万科利润表数据（部分）　　　　　单位：万元

	2011 年	2012 年	2013 年	2014 年
营业收入	7,178,280	10,311,600	13,541,900	14,638,800
营业成本	4,322,820	6,542,160	9,279,760	10,255,700
营业利润	1,576,320	2,101,300	2,426,130	2,497,940
利润总额	1,580,590	2,107,020	2,429,100	2,525,240
净利润	1,159,960	1,566,260	1,829,760	1,928,750

数据来源：万科 A 年报

4.3　垂直分析法

4.3.1　垂直分析法的含义

垂直分析法是用财务报表中各项目的数据与总体（或称报表合计数）相比较，以得出该项目在总体中的位置、重要性与变化情况的一种分析方法。

4.3.2　垂直分析法的分析步骤

（1）计算出表中各项目在总体中所占比重。

（2）通过该比例判断该项目在报表中所占位置、其重要性如何。

（3）将该比例与基期或上一年度的比例数据相对比，观察其变化趋势。

财务报表在经过垂直分析法的处理之后，也叫同度量报表、总体结构报表、共同比报表。

4.3.3 垂直分析法的具体应用

以同比财务报表为例，垂直分析方法的主要用法和步骤如下：

第一，确定相关财务报表中各项目占总额的比重或百分比，其计算公式是：

某项目的比重=该项目金额/各项目总金额×100%

对于同比资产负债表而言，项目总额指的是资产总额，在同比利润表中，项目总额一般使用营业收入项目金额。

第二，通过各项目的比重，分析各项目在企业经营中的重要性。一般项目比重越大，说明其重要程度越高，对总体的影响越大。

第三，与水平分析法相结合，将分析期各项目的比重与前期同项目比重对比，研究各项目的比重变动情况；也可将本企业报告期项目比重与同类企业的可比项目比重进行对比，研究本企业与同类企业相比存在哪些优势或劣势，据以考察其在同行业中的水平和地位的高低。

例如，以表4-2万科2011—2014年部分资产负债表数据为例，分析其资产结构的构成及特征。

表4-2 万科资产负债表数据（部分） 单位：万元

	2011年	2012年	2013年	2014年
流动资产	28,264,700	36,277,400	44,204,700	46,480,600
非流动资产	1,356,180	1,602,790	3,715,870	4,360,310
资产总计	29,620,800	37,880,200	47,920,500	50,840,900
流动负债	20,072,400	25,983,400	32,892,200	34,565,400
非流动负债	2,765,170	3,682,990	4,484,410	4,686,110
负债总计	22,837,600	29,666,300	37,376,600	39,251,500

数据来源：万科A年报

4.4 比率分析法

比率分析法是以同一期财务报表上若干重要项目的相关数据相互比较，算出相应的比率，用以分析和评价公司的经营活动以及公司目前和历史状况的一种方法，它是财务分析最基本的工具。然而，单单是计算各种财务比率的作用是非常有限的，更重要的是应将计算出来的财务比率作各种维度的比较分析，以帮助会计报表使用者正确评估企业的经营业绩和财务状况，以便及时调整投资结构和经营决策。财务比率分析有一个显著的特点，那就是使各个不同规模的企业的财务数据所传递的经济信息标准化。正是由于这一特点，使得各企业间的横向比较及行业标准的比较成为可能。

例如，国际商业机器公司（IBM）和苹果公司（Apple Corporation）都是美国生产和销售计算机的著名企业。从这两家公司会计报表中的销售和利润情况来看，IBM要高出苹果公司许多倍。然而，仅仅笼统地进行总额的比较并无多大意义，因为IBM的资产总额要远远大于后者。所以，分析时绝对数的比较应让位于相对数的比较，而财务比率分析就是一种相对关系的分析技巧，它可以被用作评估和比较两家规模相差悬殊的企业经营和财务状况的有效工具。

由于信息使用者对报表信息的关注点和侧重点不同，决定了其进行财务分析的目的也不相同。一般来讲，企业财务报表分析时主要考察四类比率，即公司的偿债能力比率、盈利能力比率、资产管理效率比率和现金流量比率。

同样，继续以万科为例，请根据表4-1和表4-2的相关数据，来计算其偿债能力、盈利能力、资产管理效率等相关比率，并通过与竞争对手相关比率的比较，来分析其各能力在行业中的强弱。

4.5 质量分析法

质量分析方法是指以基本财务报表和相关资料为基础，以资产质量、资本结构质量、利润质量和现金流量质量分析等为基本内容,对企业财务状况质量的各个方面进行系统化分析的一种方法。

张新民教授于2001年首次提出了"企业财务状况质量分析理论",提出仅对企业财务报表进行比率分析是远远不够的,必须对企业财务质量进行系统化的分析。

4.5.1 财务状况质量的分类

1. 资产质量

指的是特定资产在企业管理系统中发挥作用的能力,具体表现为盈利性、周转性、变现性以及其他资产组合的增值性等几个方面。资产质量的高低,并不完全以该项资产账面金额的高低为标准而要看资产的利用价值,若资产产生的效益大于等于账面金额的价值,则表明其属于高质量资产,反之则被认为是低质量资产。

2. 利润质量

指的是利润在形成、结构、分配等方面的质量。良好的利润质量具体表现为企业的良好的发展前景与势头,资产运转良好,利润结构合理且有较强的支付分配能力。反之则被认为是低质量的利润。

3. 资本结构质量

指的是负债与所有者权益之间的结构以及负债和所有者权益各自内部的结构。资本结构质量是指现有资本结构与企业现在和未来发展目标相适应的质量。高质量的资本结构表现为企业拥有较强的企业偿债能力,资本成本与企业投资收益水平相适应,资本结构与资产结构相匹配,利益相关者权利均衡等特征。

4. 现金流量质量

是指企业的现金流量满足企业预期目标的质量。较高的现金流量应当表现为现金净流量来源稳定,结构合理,能足以支撑企业未来发展目标的实现。

4.5.2 财务状况质量分析的主要内容

1. 资产负债表分析

主要是针对流动资产与非流动资产,流动负债与非流动负债的质量以及资产负债表的结构和内容进行分析。

2. 利润质量分析

主要包括:第一,对核心利润形成过程的分析;第二,对利润结构的质量分析,主要包括企业利润表自身结构所包含的质量信息,企业利润结构与相应的现金流量结构之间的对应关系分析以及企业的利润结构与资产结构之间的对应关系分析;第三,对利润结果的分析。

3. 资本结构质量分析

主要分析内容包括:第一,企业资本成本的高低与企业资产报酬率的对比关系;第二,企业资金来源的期限构成与企业资产结构的适应性;第三,企业的财务杠杆状况与企业财务风险、财务杠杆状况与企业未来融资要求以及未来发展的适应性;第四,企业所有者权益内部的股东持股构成状况与企业未来发展的适应性。

4. 现金流量质量分析

主要分析内容包括:第一,企业现金流量的变化结果与变化过程的关系;第二,企业各部分现金流量净额变化状况的质量含义;第三,现金流量附注对企业现金流量质量分析的信息含量;第四,分析影响企业经营活动、投资活动以及筹资活动现金流量变化的主要原因。

综上所述,在分析企业财务报表时,首先,要对企业的经营背景、经营发展战略、企业自身的基本情况、生产经营特点以及所处的行业等进行概括分析;其次,应对企业的会计政策、会计估计等信息进行会计分析;再次,结合企业上述信息,对企业的财务报表及附注所披露的信息进行详细的比率分析、项目质量以及整体质量分析;最后,通过上述分析对企业的财务状况进行总结并对企业的发展前景进行预测与展望。

第 5 章 资产负债表分析

【预期目标】

1. 了解资产负债表的结构及信息特征；
2. 掌握重要资产项目的具体分析方法，包括货币资金、应收账款、存货、长期投资、固定资产和无形资产，掌握反映资产运用效率的财务指标计算方法及经济含义；
3. 能够对资本结构进行分析，掌握反映财务风险的重要财务指标；
4. 能够深入认识资产与资本结构的配置方式及后果；
5. 了解资产负债表粉饰的手段和识别方法。

【重点与难点】

重点：应收账款、存货、长期投资、固定资产与无形资产的分析方法及相关指标，资本结构的分析方法，反映财务风险的相关财务指标，资产与资本结构三种对应关系及风险后果。

难点：重要资产的具体分析方法，资产与资本结构对应关系及风险后果。

【知识结构框图】

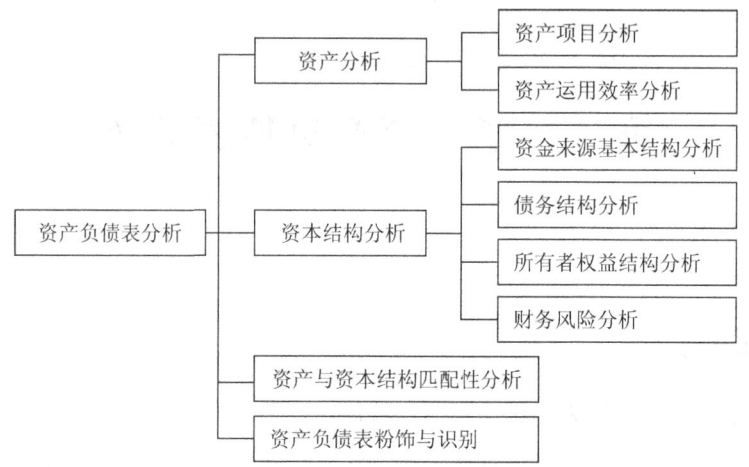

【章前案例】

大同煤业股份有限公司的非经营性资金占用及其他关联资金往来情况的专项审计结果显示，2014年由同一母公司控制的另一关联企业山西漳电大唐热电有限公司占用本公司资金近2.8亿元，该笔资金占用属于经营性往来资金占用，记为应收账款；同时本公司的子公司内蒙古同煤鄂尔多斯矿业投资有限公司占用本公司资金2.9亿元，该笔资金占用属于周转借款，往来性质属于非经营性往来，记为其他应收款。

请思考

1. 上市公司的资金被关联企业占用，会对上市公司产生什么影响？
2. 经营性往来和非经营性往来形成的资金占用，对上市公司的影响有什么不同？

第5章 资产负债表分析

资产负债表是反映企业全部资产、负债和所有者权益状况的会计报表，包含了丰富的企业财务状况信息。选用适当的方法和指标来阅读、分析企业的资产负债表，以正确评价企业的财务状况、偿债能力，对于一个理性的财务报表使用者而言是极为重要的。通过对资产负债表信息的识别和分析，可以使报表使用者了解企业资产质量及运用效率、资本结构情况及财务风险高低。

5.1 资产分析

5.1.1 资产项目分析

资产是指企业过去的交易或者事项形成的、由企业拥有或者控制的、预期会给企业带来经济利益的资源。企业的资产按照流动性的高低分为流动资产和非流动资产。

5.1.1.1 流动资产分析

1. 货币资金

货币资金是企业流动性最强的资产，但同时也是收益性最差的资产。相对而言，虽然它占企业资产总额的比重一般不大，但由于可以直接用于支付，所以在企业中十分重要。

在对货币资金进行质量分析时，应重点分析以下方面内容：

（1）关注日常货币资金的规模是否适当。

为维持企业经营活动的正常运转，必须保持一定的货币资金持有量。从财务管理的角度，过低的货币资金持有量，会影响企业按时支付供应商到期货款，影响企业的流动性和信誉。而过高的货币资金持有量，则会产生机会成本。因此企业应根据企业的实际情况制定准确的资金计划，保持适度的资金规模。

（2）重视货币资金的真实购买力。

企业资产负债表的货币资金包括本币货币和外币货币。在不同汇率波动的影响下，不同外币存在汇兑损益的可能，也会影响其真实购买力。在物价波动影响下，相同数量金额的同种货币资金，在不同时点的购买力是不同的，其价值也是不一样的。因此，分析时应关注不同币种或不同时期下货币资金的购买力差异。

【案例】青岛海尔股份有限公司 2014 年年报中，货币资金的具体信息如表 5-1 所示：

表 5-1 青岛海尔股份有限公司 2014 年货币资金　　　　　　单位：元

项目	期末数			
	原币金额	折算汇率	折合人民币	占货币资金比重
现金				
其中：人民币				
小计				
银行存款				
其中：人民币	26,562,665,975.85		26,562,665,975.85	92.73%
美元	287,507,146.02	6.1190	1,759,256,226.50	6.14%
港元	258,689,534.21	0.7889	204,080,173.54	0.71%
欧元	1,600,036.35	7.4556	11,929,231.07	0.04%
英镑	3,490.32	9.5437	33,310.59	0.00%
小计			28,537,964,917.55	99.63%
其他货币资金				
其中：人民币	106,068,874.12	106,068,874.12	106,068,874.12	0.37%
小计			106,068,874.12	0.37%
合计			28,644,033,791.67	100.00%

在青岛海尔股份有限公司 2014 年的货币资金构成中银行存款是货币资金的主体，在银行存款中，除了人民币存款之外，还有外币存款，包括美元、港元、欧元、英镑，以上币种的汇率变动如图 5-1，图 5-2，图 5-3，图 5-4 所示。

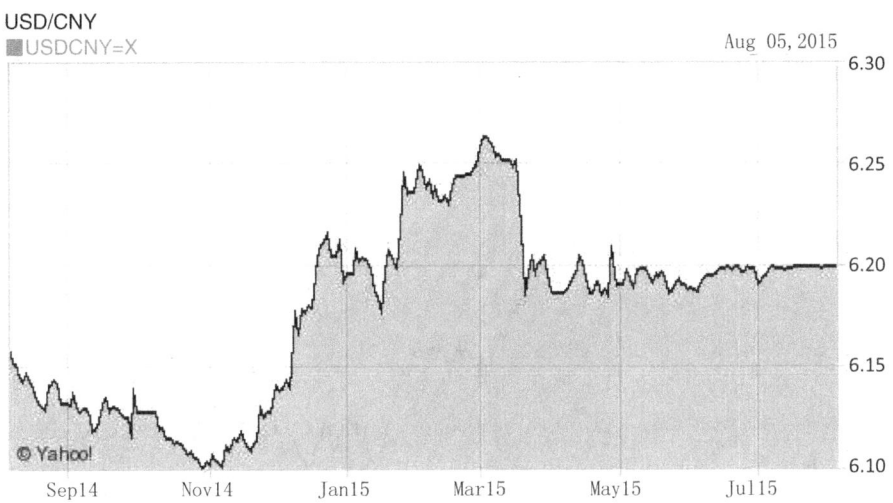

图 5-1　2015 年美元对人民币的汇率变动

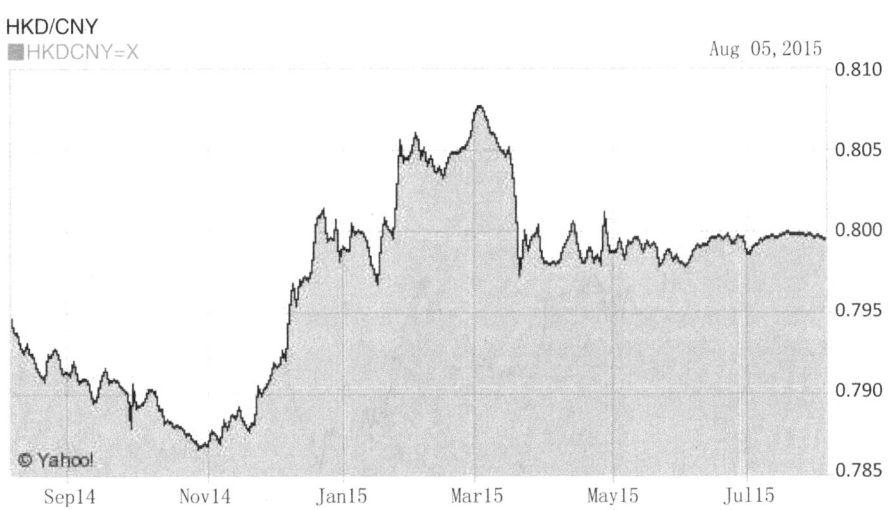

图 5-2　2015 年港元对人民币的汇率变动

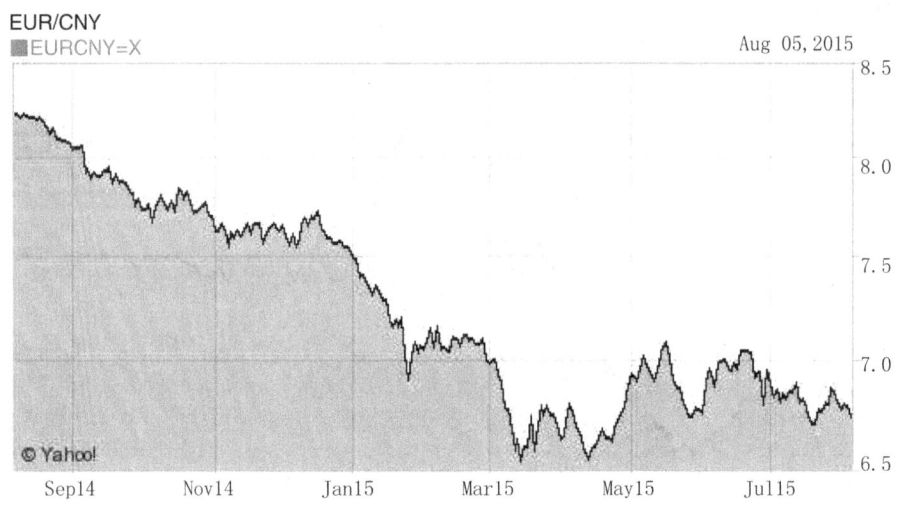

图 5-3　2015 年欧元对人民币的汇率变动

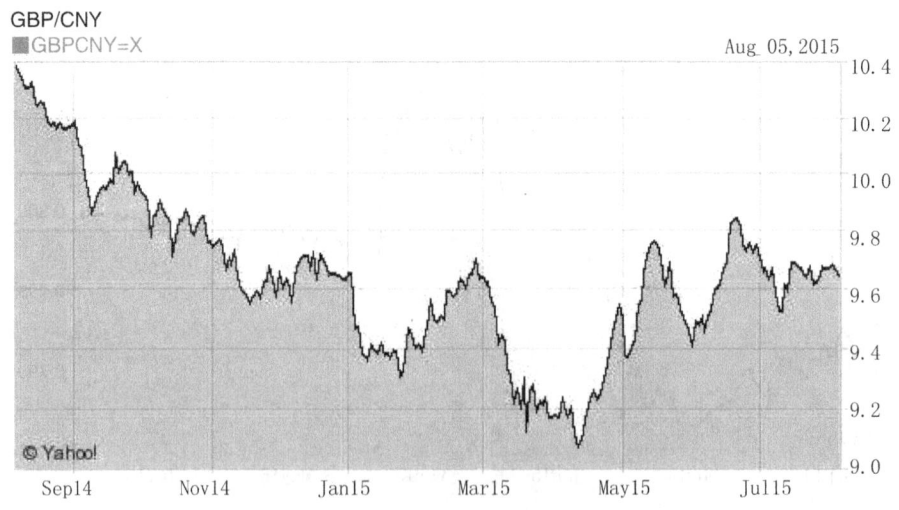

图 5-4　2015 年英镑对人民币的汇率变动

在青岛海尔股份有限公司持有的外币银行存款中，2015 年之后欧元汇率变动的趋势整体走低，这意味着如果海尔公司将欧元兑换成人民币，将产生汇兑损失，美元、港币与英镑汇率则在 2015 年出现不同程度的波动，不同时点兑换成人民币可能会产生汇兑损失或收益。

2. 交易性金融资产

交易性金融资产具有短期投资的性质，企业进行交易性金融资产投资，主要是为了充分利用暂时富余的货币资金，获取高于银行存款的收益，同时也使手中留存一定量易于变现的有价证券，以备不时之需。交易性金融资产普遍具有投机性，可以投资于公司股票、债券、基金等，有一定风险。

根据《企业会计准则》的规定，交易性金融资产的初始确认金额是按其取得时的公允价值予以确认的，反映企业取得交易性金融资产的实际成本，但是交易性金融资产的公允价值是不断变化的，因此期末计量应按资产负债表日的公允价值反映，公允价值的变动计入当期损益。

分析交易性金融资产的质量，应重点关注资产持有阶段和处置阶段的获利能力：

（1）持有阶段的获利能力通过"公允价值变动损益"反映。分析时可根据资产负债表的"交易性金融资产"和利润表中的"公允价值变动损益"，结合本期和上期的纵向对比，分析目前持有交易性资产的规模大小，公允价值的变动方向如何，判断资产的未来盈利能力。

（2）处置阶段的获利能力通过"投资收益"反映。分析时可根据利润表中的"投资收益"，并且结合报表附注中的详细说明，分析企业所处置的交易性资产的盈利能力，进一步分析企业短期投资决策的正确率。

【案例】三普药业和长城计算机 2012 年所持交易性金融资产对公司业绩的不同影响。

三普药业股份有限公司交易性金融资产投资损失加大企业利润亏损。2012 年该公司年度报告中显示，该公司投资收益 -409,863,698.73 元，其中处置交易性金融资产取得的投资收益为 -410,700,738.06 元，当期营业利润 -174,951,965.28 元，由于交易性金融资产投资亏损造成的损失是导致利润亏损的一个重要因素。

中国长城计算机深圳股份有限公司 2012 年年度报告显示，该公司交易性金融资产的期初余额是 123,855,777.50 元，期末余额是 262,716,025.50 元，在 2012 年，与公司交易性金融资产有关的损益包括两个方面：一是交易性金融资产的公允价值变动损失 400,639,742.07 元，二是交易性金融资产的投资收益 404,982,515.03 元,从交易性金融资产对当期损益的综合影响效果分析,两者对损益的综合影响基本抵消。

3. 应收账款

应收账款是由于公司赊销活动引起的,是公司销售商品、提供劳务等经济活动应收取的款项。应收账款的分析包括应收账款规模分析、回款速度分析和坏账风险分析。

(1) 应收账款规模分析。

应收账款金额大小不仅是企业内部经理人员密切关注的对象,也是投资者关注的对象。应收账款金额大说明销售部门业绩好,适销对路,同时也说明占用企业大量资金,坏账风险很大,影响企业的现金流。在对应收账款规模进行分析时,应重点关注企业的应收账款规模是不是出现大规模增加,如果企业利用赊销作为促销手段,则会导致应收账款规模与收入同时增长迅速,这时企业利润表上的利润存在一定水分,需要注意。

若企业应收账款规模出现大规模减少,应进行详细分析。有可能是企业加强催收工作,汇款速度加快,但这可能给客户带来较大压力,应及时与客户沟通,了解到客户的抱怨和要求;也有可能是企业利用应收账款进行融资,例如,应收账款保理业务、应收账款证券化等。

(2) 应收账款回款速度分析。

企业的应收账款回款速度越快,收账期短,坏账损失少,应收账款管理费用也越少。反之,应收账款回款时间越长,债务人拖欠时间长,资信度低,增大了发生坏账损失的风险,使资产形成了呆账甚至坏账,造成了流动资产不流动,这对公司正常的生产经营是很不利的。

(3) 应收账款的坏账风险分析。

对应收账款的坏账风险分析是应收账款质量分析的一项重要内容,分析时应重点关注债务人情况和应收账款账龄情况。

应收账款的债务人情况对应收账款的回收具有直接的影响,因为该应收账款能否回收,最直接的是看该应收账款的债务人是否具有偿还的能力和偿还的意愿,分析债务人情况时应关注债务人数量、债务人行业分布、债务人所承担的具体的应付账款金额。对应收账款的债务人尤其是大额应收账款的关键债务人应当有充分的了解,包括通过对过往交易情况进行分析,了解关键债务人以往还款是否及时、足额,亦可以通过社会调查,了解该债务人的社会信誉;同时,也应当了解该债务人的经营状况和近期的财务状况,以此综合判断回收的可能。

应收账款账龄是指应收账款从销售实现,产生应收账款至资产负债表日止所经历的时间,简言之,就是应收账款未收回的时间。账龄越长,发生坏账损失的可能性就越大。账龄分析是应收账款分析的主要方法之一,账龄分析所提供的信息,可使管理当局了解收款、欠款情况,判断欠款的可收回程度和可能发生的损失。其对企业内部管理的价值在于通过对销售绩效的测控,加快货款回笼,减少坏账损失;对外部分析师来说,则有利于会计报表使用者了解公司应收账款的周转情况、分析应收账款的质量状况、评价坏账损失核算方法的合理性。进行账龄分析,可每月编制应收账款账龄分析表,对账龄较长的应收款项应分析原因,如果有确凿证据无法回收的应收账款,应按内部坏账审批流程报经批准,进行核销。应收账款账龄分析表格式见表5-2。

表5-2 应收账款账龄分析表

客户名称	3个月以内	3—6个月	6—12个月	1—2年	2—3年	3年以上	合计
A							
B							
C							
D							
E							
合 计							
坏账比例							
提取的坏账准备							

【案例】 贵州茅台酒股份有限公司和宜宾五粮液股份有限公司是两家白酒企业，2014 年两家企业的应收账款及其结构见表 5-3。

表 5-3 贵州茅台与宜宾五粮液的应收账款及坏账准备计提情况比较

贵州茅台				宜宾五粮液			
账　龄	应收账款金额（单位：元）	比例（%）	坏账准备	账龄	应收账款金额（单位：元）	比例（%）	坏账准备
1 年以内	4,015,868	46.30	200,793	1 年以内	107,204,459	95.98	5,360,223
1—2 年				1—2 年	1,311,980	1.17	131,198
2—3 年	41,308	0.48	12,392	2—3 年			
3—4 年	767,712	8.85	307,085	3 年以上	3,180,882	2.85	636,176
4—5 年	4,412	0.05	2,868				
5 年以上	3,843,892	44.32	3,843,892				
合　计	8,673,192	100	4,367,030		111,697,321	100	6,127,597

比较贵州茅台与宜宾五粮液的应收账款账龄情况，可以发现贵州茅台 5 年以上账龄应收账款占比达到 53.22%，这部分应收账款的坏账风险较高，尤其是 5 年以上的应收账款发生坏账的可能性很高，需要企业采取切实的手段进行催收。相比之下宜宾五粮液的应收账款质量较高，3 年内的应收账款在 97.15%，坏账风险较低。为进一步确定贵州茅台的应收账款风险水平，需要了解主要债务人的债务偿还能力，找出公司的最大应收账款债务人，应进一步分析该公司的资产负债情况及经营盈利情况，以确定该公司偿还债务的偿还可能性。

4. 其他应收款

其他应收款指公司除应收票据、应收账款和预付账款等经营活动以外的其他各种应收、暂付款项，主要包括个人借款、备用金、保证金、押金和外部企业间借款等。

事实上，非经营性交易形成的债权债务关系对于企业的经营活动几乎不具备价值，风险性较高。其他应收款形成的资金占用会挤压经营资金的空间，甚至对企业经营造成致命的伤害，所以，其他应收款分析需要特别关注其金额大小、形成时间长短以及性质。尤其应关注企业是否利用其他应收款向关联方提供借款、提供经营资金，使得关联企业现金流量非正常增加，使其财务报表使用者误认为该企业现金流充足，达到粉饰其现金流量的目的。

5. 存货

存货是指企业在日常活动中持有以备出售的产成品或商品、处在生产过程中的在产品、在生产过程或提供劳务过程中耗用的材料和物料等。对存货进行分析时，应关注以下方面：

(1) 存货数量分析。

企业为了自身的生产经营需要，需储备一定数量的存货，但是，企业存货过多或不足，都会给企业带来不利影响。存货储备过多，一方面会占用大量资金，增加资金机会成本，影响资金周转率和使用效益，另一方面会大量占用仓库，增加管理成本；另外，如果储备时间过长，存货可能发生变质、损伤、短缺，导致损失。而存货储备不足，会造成停工待料，不能及时完成生产，影响经济效益。

(2) 存货计价方法分析。

存货计价方法的选择是制定企业会计政策的一项重要内容。选择不同的存货计价方法将会导致不同的报告利润和存货估价，并对企业的税收负担、经济效益等产生影响。按照《企业会计准则》的规定，企业可使用的成本计算方法有先进先出法、个别计价法和加权平均法。虽然从理论上来说，具体使用何种方法由企业自主决定，但从会计实务角度来讲，每一种成本计算方法都有特定的适用范围。例如，假设企业存货收发量特别巨大，而单位成本相对稳定，企业就应当选择加权平均法计算该存货的单位成本，而不是其他两种方法。为了恰当反映存货流转，在确定存货计价的方法时，要坚持以下标准：①客观性原则，如实反映销售成本与期末存货价值；②谨慎性原则，保证企业所有者和潜在投资者做出决策时，尽可能规避风险，使风险收益最大化。同时，存货计价方法的选择还受客观经济环境的影响，在选择存货计价方法时必须综合考虑，统筹安排，科学决策。

(3) 存货质量分析。

存货的质量可以通过存货的物理质量、增值能力及周转能力进行判断。

①存货物理质量分析。存货的物理质量是指存货的自然质量。例如，商业企业中的待售商品是否完好无损、制造业的产成品的质量是否符合相应产品的等级要求等。对存货的物理质量分析，可以初步确定企业存货的状态，为分析存货的利用价值和变现价值奠定基础。

②存货增值能力分析。存货的主要持有目的是被消耗或被销售，通过生产和销售活动实现增值。企业储存的存货是否能够完成销售并在销售中增值是反映存货质量的重要标准。在分析企业的增值能力时，要特别注意：a. 存货的时效状况分析。有些企业存货的利用价值和变现价值与时间联系较大，如食品，对其分析时应注意其是否超过保质期；b. 在企业生产和销售多种产品的条件下，不同品种的产品的盈利能力、技术状态、市场发展前景以及产品的抗变能力等可能有较大的差异。过分依赖某一种产品或几种产品的企业，极有可能因产品出现问题而使企业全局受到重创。因此，应当对企业存货的品种构成结构进行分析，并关注不同品种的产品的盈利能力、技术状态、市场发展前景以及产品的抗变能力等方面的状况。对存货结构的分析可以借助报表附注中的相关信息。

③存货周转分析。存货周转速度越快，存货转换为现金或应收账款的速度越快，维持经营的存货占用的水平越低，企业的经济效益越高。

【案例】福建七匹狼实业股份有限公司 2014 年年度报告中显示，该公司存货中部分存货存在贬值风险。具体见表 5-4。

表 5-4 福建七匹狼实业股份有限公司存货跌价准备计提情况   单位：千元

项 目	2014 年			2013 年		
	账面余额	跌价准备	账面价值	账面余额	跌价准备	账面价值
原材料	25,781,944	5,152,784	20,629,160	28,496,923	3,205,577	25,291,345
在产品	1,370,467		1,370,467	2,135,380		2,135,380
库存商品	867,695,382	327,745,711	539,949,671	877,660,097	266,406,302	611,253,795
周转材料	2,963,246		2,963,246	389,940		389,940
发出商品				5,161,525		5,161,525
委托代销商品	212,444,655	35,763,551	176,681,103	19,814,532	8,296,562	11,517,970
委托加工物资	1,081,771		1,081,771	1,565,701		1,565,701
合 计	1,111,337,465	368,662,047	742,675,419	935,224,097	277,908,442	657,315,656

从七匹狼公司 2014 年存货跌价准备的计提中可以看出，该公司存在跌价风险的存货主要是原材料、库存商品和委托代销商品，其中委托代销商品的跌价准备计提比例出现大幅度提高，但对存货跌价准备总额影响最大的是库存商品计提的跌价准备。库存商品跌价准备计提高，反映了企业产品在未来销售中可能要面临的风险和压力。

5.1.1.2 非流动资产

1. 可供出售金融资产

可供出售金融资产，是指初始确认时即被指定为可供出售的非衍生金融资产，以及没有划分为持有至到期投资、贷款和应收款项、以公允价值计量且其变动计入当期损益的金融资产。和其他的金融资产比起来，可供出售金融资产作为投资的一种，在会计处理上，既不如交易性金融资产那样灵活，也不像持有至到期投资那样具有明确的持有目的。

可供出售金融资产质量分析时，应注意分析：会计实务中，关于可供出售金融资产减值核算和公允价值变动核算的判断标准、科目设置、账务处理无法明显地分开，直接影响会计信息的可靠性。可供出售金融资产是以公允价值计量的，如果公允价值下降是暂时的，则按公允价值变动处理；如果公允价值下降是非暂时的，则按减值损失处理。这样的判断标准看起来很合理，但实务中很难准确把握。另外，无论是发生减值还是公允价值变动，会计分录的贷方都是"可供出售金融资产—公允价值变动"，无法从账面上区分相关数据，提供的会计信息笼统、模糊。由于核算标准的操作性差和标准的不确定性，很容易造成人为操纵利润，造成会计信息的可靠性下降，甚至导致误判，严重影响会计信息质量。

2. 持有至到期投资

持有至到期投资，是指到期日固定、回收金额固定或可确定，且企业有明确意图和能力持有至到期的非衍生金融资产。通常是债权投资，如从二级市场上购入的固定利率债券、浮动利率金融债券等。股权投资因其没有固定的到期日，因而不能划分为持有至到期投资。

持有至到期投资分析时，应注意分析以下内容：

（1）盈利能力分析。

持有至到期投资通常主要是债权投资，投资收益主要来自定期收取利息。对持有至到期投资盈利性的分析，首先应根据当时宏观金融市场环境，判断投资收益的相对水平。一般而言，持有至到期投资的收益率高于同期银行存款利率，但是高风险伴随高收益，企业要根据自己的风险承受能力选择合适收益率的债券种类。同时，持有至到期投资有分期支付利息和到期一次还本付息，如果是到期一次还本付息，企业需要根据权责发生制确认应计利息，但却收不到现金流入。

（2）变现能力分析。

持有至到期投资约定将定期支付利息，到期归还本金，但是能否按时支付利息，按时归还本金，取决于债务人当时是否有充足的现金流量支付债务。因此，需要提前对将债券所对应的债务人的信用情况、盈利能力进行分析，判断变现风险。

（3）减值情况分析。

当持有至到期投资发生减值时，应当将账面价值减至预计未来现金流量的现值。因此，通过分析该项目的减值准备计提情况便可推测持有至到期投资的变现性和增值能力。但是，一些企业可能出于粉饰业绩的目的，通过少提或多提减值准备的方式来调节利润。我国2006年新颁布的会计准则规定，固定资产、无形资产、长期股权投资以及采用成本模式计量的投资性房地产计提的减值准备一经计提不得转回，但是，持有至到期投资、贷款和应收账款等金融资产，计提减值准备后如有客观证据表明影响减值损失的因素消失的，可以转回。因此，要注意上市公司是否有操纵利润的嫌疑。

3. 长期股权投资

长期股权投资是企业持有的对其子公司、合营企业及联营企业的权益性投资及企业持有的对被投资单位不具有控制、共同控制或重大影响，并在活跃市场上没有报价、公允价值不可计量的权益性投资。长期股权投资的最终目的是将被投资单位作为自身经营活动的补充，从而提升企业业绩的总体水平。

长期股权投资分析时，需关注的方面包括：

(1) 投资活动对企业发展的影响。

长期股权投资是企业发展战略尤其是对外扩张战略的具体表现，对长期股权投资目的进行分析可以让我们深入把握其经济含义。长期股权投资的目的通常包括：①价值链整合以形成竞争优势。做好自己的主业是获取竞争优势的基础，但仅仅如此往往并不能导致企业在产业竞争中胜出。通过对上下游或其他相关企业的股权控制可以达到对价值链的整合，炼造企业的核心优势。②扩张中形成规模优势。通常情况下，企业做大能够形成规模优势，从而提升企业价值，增强抗风险的能力。③多元化分散风险。对于相关度较小的项目进行的多元化投资能够避免因特定项目的风险而带来过量损失，从而将企业的经营风险控制在一定程度内，并且可以获得多元化投资的收益。④单纯寻求投资收益。企业在自身的经营活动之外，利用富余资金进行投资，可以预期获得收益以提高净收益。这种目的较为单纯，对投资绩效可以直接以投资收益率进行评价。⑤特殊目的股权安排。基于企业融资、资产重组、规避监管、税收筹划，甚至是操纵利润等特殊目的，企业会进行一些股权安排，以达到自己的目的。

(2) 投资产生的盈利能力。

长期股权投资的盈利来源包括持有期间的投资收益和转让过程中的投资收益。持有期间的投资收益在核算上有成本法和权益法的区别，成本法下被投资单位宣告分派的利润或现金股利，投资企业确认的投资收益；权益法下，在进行投资成本的初始计价之后，投资企业对被投资单位的所有者权益变动根据享有相应份额调整账面价值，投资收益的确认范围更广，权益法下的投资收益通常与被投资企业实际发放股利或分配利润相脱节。因此，权益法下确认的投资收益仅仅是企业未实现的持有收益，不一定给企业带来真正的现金流。转让过程中的投资收益则属于真正实现的收益。

4. 固定资产

固定资产，是企业为生产商品、提供劳务、出租或经营管理而持有的，使用寿命较长（超过一个会计年度）的资产。

固定资产分析时，应关注以下方面：

(1) 固定资产规模。

固定资产的投资规模必须与企业整体的生产经营水平、发展战略以及所处行业特点相适应，同时也要注意与企业的流动资产规模保持一定比例。盲目购置新设备和扩大生产规模，就会造成资源的低效利用甚至浪费，从而影响企业整体的获利水平。

(2) 固定资产规模原值的年内变化情况。

固定资产原值在年内的变化可以在一定程度上反映出企业固定资产的质量变化。各类固定资产在某会计期间的原值变化不外乎增加和减少（投资转出、清理、转移类别等），但由于特定企业生产经营状况的特点，企业对各类固定资产的结构有不同的要求。企业在各个会计期间内固定资产原值的变化，应该朝着优化内部固定资产结构、改善固定资产的质量、提高固定资产的利用效果的方向而努力。因此，信息使用者通过分析年度内固定资产原值的变化与企业生产经营特点之间的吻合程度，可以对企业固定资产质量的变化情况做出判断。

(3) 固定资产分布和配置的合理性。

在制造性企业的各类固定资产中，生产用固定资产特别是其中的生产设备同企业的生产经营直接相关，其在全部资产中应占较大比重；非生产用固定资产应在发展生产的基础上，根据实际需要适当安排，但其增长速度一般不应超过生产用固定资产的增长速度。此外，如果未使用和不需用的固定资产所占比例过大，则会影响固定资产整体的利益。

【案例】产业特征决定固定资产结构差异

以中信银行、格力空调、长江电力 2014 年末的报表数据为例，可以看出不同产业的企业其固定资产占总资产的比重是不同的。中信银行属于金融类企业，盈利模式为吸存放贷，主要的盈利性资产是贷款、债券投资，固定资产是其非生息性资产，所以，对于银行，固定资产所占比重应当尽量低；格力空调是制造业企业，制造业企业的固定资产通常为厂房、机器设备、运输工具等，所占总资产比重适中；长江电力的主要盈利资产是电厂机组，固定资产所占比重较高。具体比较见表 5-5。

表 5-5　不同产业固定资产结构差异比较

	中信银行	格力空调	长江电力
固定资产（百万元）	14,738	14,939	124,098
总资产（百万元）	4,138,815	156,230	146,994
比　　例（%）	0.36	9.56	84.42

5. 无形资产

无形资产是指企业拥有或者控制的没有实物形态的可辨认非货币性资产。在知识经济时代，无形资产相对实物资产有着更重要的意义。通过拥有专利、知识产权等无形资产，可以长久地提高企业的核心竞争力。

无形资产分析时，应重点关注无形资产的存在性和盈利性。

（1）存在性。

无形资产的存在性分析首先要求报表上揭示的无形资产是客观真实的，不是虚构的。在此基础上还应关注无形资产价值披露的充分性。按照目前的《企业会计准则》，我们在报表上看到的"无形资产"和"研发支出"披露的应该是由股东投入、企业外购的无形资产以及符合资本化条件的开发支出。与自创无形资产关系密切的研究支出和不符合资本化条件的开发支出全部计入了期间费用。这样的会计处理很可能会导致账外无形资产的形成，因为研究与开发支出的会计处理并不能影响自创无形资产的成功与否。长期以来，重视研究与开发的企业就存在多项已开发成功的自创无形资产无法在资产负债表上体现出来的问题。因此对无形资产进行分析时，应当考虑账内无形资产的真实性、充分性以及账外无形资产存在的可能性。

（2）盈利性。

无形资产盈利性强调企业持有和使用无形资产应能够为企业带来经济利益。资产的盈利性不仅包括资产的盈利能力，还包括资产的盈利方式。资产的盈利能力可以用统一的货币形式计量，但每种资产获取利润的方式可能会有所差异。无形资产的盈利实现方式和有形资产不同，对于一项专有技术企业可以利用它的先进性和有用性为企业带来超额价值，但必须和企业的有形资产一起来创造价值，也就是说无形资产本身无法直接为企业创造财富，必须依附于直接或间接的物质载体才能表现出其内在的价值。无形资产在企业整体资产的运用中起到胶合剂和催化剂的作用,它和其他资产组合在一起为企业创造价值,为企业带来经济利益的流入。

【案例】一字万金——隆平高科的无形资产

袁隆平农业高科技股份有限公司(隆平高科)是由湖南省农业科学院作为主要发起人,联合湖南杂交水稻研究中心、湖南东方农业产业公司、袁隆平先生等共同发起设立的,主要从事以杂交水稻、杂交辣椒、西甜瓜为主的高科技农作物种子、种苗的培育、繁殖和推广销售。

该公司的特别之处就在于其拥有的一项无形资产,是我国著名科学家袁隆平先生的名字。根据公司和袁隆平先生签订的协议,袁隆平先生同意在股份公司存续期间将其姓名用于股份公司的名称和公司股票上市时的股票简称,公司则向袁隆平先生支付姓名权使用费580万元。

袁隆平是中国工程院院士、"世界杂交水稻之父",以他几十年在杂交水稻方面的研究成果,为解决我们这个泱泱大国13亿人口的吃饭问题,起了举足轻重的作用。而"袁隆平"这三个字的品牌价值,据有关资产评估事务所的评估,达1008.9亿元。

5.1.2 资产运用效率分析

资产运用效率,是指资产利用的有效性和充分性。有效性是指使用的后果,是一种产出的概念;充分性是指使用的进行,是一种投入概念。资产运用效率评价的财务比率是资产周转率,其一般公式为:

资产周转率=周转额/资产

反映资产运用效率的财务指标包括存货周转率、应收账款周转率、流动资产周转率、固定资产周转率和总资产周转率。

5.1.2.1 存货周转率

在流动资产中,存货所占比重一般较大,存货的流动性会直接影响流动资产的流动性。因此,必须特别重视对存货的管理。存货流动性的分析一般通过存货周转率来进行。

存货周转率(次数)是指一定时期内企业销售成本与存货平均资金占用

额的比率,是衡量和评价企业购入存货、投入生产、销售收回等各环节管理效率的综合性指标。其意义可以理解为一个财务周期内,存货周转的次数。其计算公式为:

存货周转率＝营业成本/平均存货

存货的周转速度越快,存货占用资金的时间越短,流动性越强;反之越差。

在资产负债表中,存货仅以扣除存货跌价准备后的净额列示,但从当前企业存货采购、存货跌价准备的计提和估计政策的实施状况来看,企业在存货项目上占用和参与周转的真正资产规模,应是存货项目的原值。

5.1.2.2 应收账款周转率

应收账款周转率用来评价应收账款流动性的大小,可以反映企业应收账款的变现速度和管理效率。其计算公式为:

应收账款周转率＝赊销净额/平均应收账款

应收账款周转率越高,回收周期越短,可以减少收账费用和坏账损失,因此,应收账款的周转率高,代表应收账款的质量较高。当然,周转率太高,也不利于企业扩大销售,提高产品市场占有率。

5.1.2.3 流动资产周转率

流动资产周转率反映企业的流动资产在一定时期内(通常为一年)周转的次数。其计算公式如下:

流动资产周转率＝营业收入/平均流动资产

流动资产周转率指标不仅反映流动资产运用效率,同时也影响着企业的盈利水平。企业流动资产周转越快,周转次数越多,表明企业以相同的流动资产实现的营业收入越多,说明企业流动资产的运用效率越好,进而企业的偿债能力和盈利能力均得以增强。反之,则表明企业利用流动资产进行经营活动的能力差,效率较低。

5.1.2.4 固定资产周转率

固定资产是企业的一类重要资产,在总资产中占有较大比重,更重要的是固定资产的生产能力,关系到企业产品的产量和质量,进而关系到企业的盈利能力。所以固定资产营运效率如何,对企业至关重要。固定资产周转率表示在一个会计年度内,固定资产周转的次数。其计算公式为:

固定资产周转率=营业收入/平均固定资产

企业要想提高固定资产周转率,就应加强对固定资产的管理,做到固定资产投资规模适当、结构合理。规模过大,造成设备闲置,形成资产浪费,固定资产使用效率下降;规模过小,生产能力小,形不成规模效益。

5.1.2.5 总资产周转率

总资产周转率反映企业的总资产在一定时期内(通常为一年)周转的次数。其计算公式如下:

总资产周转率=营业收入/平均总资产

总资产周转率是综合评价企业全部资产经营质量和利用效率的重要指标。通过该指标的对比分析,可以反映企业本年度以及以前年度总资产的运营效率和变化,发现企业与同类企业在资产利用上的差距,促进企业挖掘潜力、积极创收、提高产品市场占有率、提高资产利用效率。一般情况下,该数值越高,表明企业总资产周转速度越快。销售能力越强,资产利用效率越高。

5.2 资本结构分析

资本结构的概念有多种理解,广义的理解为企业全部资本的构成及比例关系。狭义地理解为长期资本的构成及比例关系。此书中采用广义概念,资本结构既包括企业负债总规模与所有者权益规模的对比关系,也包括企业各类债务占总债务的构成比例以及所有者权益中各项目的构成比例。

5.2.1 资金来源基本结构分析

企业资金的基本来源有两个:一是企业负债形成的资金来源,即债务资金来源。具体包括向银行贷款、发行债券、向供货商延期支付等。债务性资金必须到期偿还,有时还需要支付利息;二是通过增加企业的所有者权益来获取的资金，即权益资金来源。具体形式包括：发行股票、增资扩股、利润留存。权益性资金是企业的自有资金，不需要偿还，不需要支付利息，但可以视企业经营情况，进行分红、派息。

保守型企业倾向于使用更多的权益性资金，尽可能少地筹借债务性资金，因为这样可以降低经营成本和债务风险，使企业稳健发展。充分利用债务性资金的好处在于，可以借助外部力量维持和扩大本企业的经营，加快企业发展，给投资者创造更多的利润，但同时也会增加企业的经营成本和债务风险。

5.2.2 债务结构分析

债务结构是指各类负债占负债总额的比重。分析负债结构的目的主要是了解各项负债的性质和数额，进而判断企业负债的主要来源、偿还期限，从而揭示企业抵抗破产风险的能力和进一步的融资能力。

5.2.2.1 债务期限结构分析

根据偿还期限不同，企业债务可以分为流动负债和非流动负债。流动负债的偿还期限一般在一年之内，非流动负债的偿还期限超过一年。一个企业流动负债占负债总额的比重越大，说明企业对短期资金的依赖性强，企业偿还债务的压力就大，要想改变这种状况，必须加快资金周转速度。评价一个企业流动负债占负债总额的比重是否合理，主要看企业是否存在债务风险，同时还要考虑企业资产的周转速度和流动性。如果企业目前不存在债务风险，企业就可以尽可能多地利用流动负债；如果企业的流动资产周转速度快且流动性强，企业也可以有较多的流动负债。

5.2.2.2 债务来源结构分析

根据来源不同，企业债务可以分为商业信用债务和融资性债务两种基本形式。商业信用债务是指在企业间的商品交易中，以延期付款或预收货款的形式占用资金而形成的债务。由于商业信用产生于企业经常发生的商品购销活动之中，因而应用广泛，在流动负债筹资中占有相当大的比重。具体包括通过应付账款、预收账款、应付职工薪酬、应交税费等形式占用的资金。利用商业信用下的债务筹集资金的优点表现为：首先，属于自然性筹资，无须进行专门的安排，筹资非常方便；其次，与其他短期筹资方式相比，商业信用的限制条件少甚至根本没有任何限制；最后，如果没有现金折扣，或企业不放弃现金折扣，则利用商业信用筹资不会发生资金成本。但是，需要注意的是商业信用毕竟是短期的资金，风险比较大，若不注意还款，容易影响企业信誉，不利于企业未来的发展。

融资性债务是指企业通过融资活动，包括向银行、其他非银行金融机构借入资金或发行债券取得资金而形成的债务。具体形式包括信用借款、抵押借款、票据贴现借款、发行债券等。融资性债务的好处在于：资金提供方资金充足，实力雄厚，在利用金融机构进行融资时，灵活性更为突出，能随时为企业提供比较多的贷款，可在资金需要增加时借入，在资金需要减少时还款。缺陷是企业在融资是面临的限制较多，筹资成本偏高。

5.2.3 所有者权益结构分析

所有者权益是指企业投资者对企业净资产的所有权，一般包括所有者投入的资本、直接计入所有者权益的利得与损失、留存收益等。

所有者投入的资本既包括构成企业注册资本或者股本部分的金额，又包括投入资本超过注册资本或者股本部分的金额，即资本溢价或股本溢价。资本公积的高低反映了投资对企业未来发展的信心。

直接计入所有者权益的利得和损失，是指不应计入当期损益、会导致所有者权益发生增减变动的、与所有者投入资本或者向所有者分配利润无关的利得与损失。直接计入所有者权益的利得和损失主要包括可供出售金融资产的公允价值变动额、现金流量套期中套期工具公允价值变动额等。直接计入所有者权益的利得越高，表明企业的资产质量越高。

留存收益是企业历年实现的净利润留存在企业的部分，主要包括累计计提的盈余公积和未分配利润。留存收益反映了企业的自我发展意图和发展能力，留存收益越多说明企业的自我增长能力越强，企业有望实现快速成长。

5.2.4 财务风险分析

企业的财务风险主要通过偿债能力体现，包括短期偿债能力和长期偿债能力。

5.2.4.1 短期偿债能力

短期偿债能力是指企业以流动资产偿还流动负债的能力,它反映企业偿付日常到期债务的能力。对债权人来说,企业要具有充分的偿还能力才能保证其债权的安全,按期取得利息,到期取回本金;对投资者来说,如果企业的短期偿债能力发生问题,就会牵制企业经营的管理人员耗费大量精力去筹集资金,以应付还债,还会增加企业筹资的难度,或加大临时紧急筹资的成本,影响企业的盈利能力。

在分析企业短期偿债能力时,通常利用的财务比率是流动比率、速动比率和现金比率。

1. 流动比率

流动比率是企业流动资产与流动负债的比率。其计算公式如下:

流动比率=流动资产/流动负债

流动比率是衡量企业短期偿债能力的一个重要财务指标,这个比率越高,说明企业偿还短期负债的能力越强,流动负债得到偿还的保障越大。但是,过高的流动比率也并非好现象。因为流动比率越高,可能是企业滞留在流动资产上的资金过多,未能有效加以利用,可能会影响企业的获得能力。经验表明,流动比率在2∶1左右比较合适。但是,对流动比率的分析应该结合不同的行业特点和企业流动资产结构等因素。有的行业流动比率较高,有的较低,不应该用统一的标准来评价各企业流动比率合理与否。只有和同行业平均流动比率、本企业历史的流动比率进行比较,才能判断这个比率是高还是低。

2. 速动比率

速动比率是企业速动资产与流动负债的比率。流动比率在评价企业短期偿债能力时,存在一定的局限性,如果流动比率较高,但流动资产的流动性较差,则企业的短期偿债能力仍然不强。在流动资产中,存货的变现能力最差,一般需经过销售,才能转变为现金,若存货滞销,则其变现就成问题。因此,如果从流动资产扣除存货后与流动负债进行比较,则更能谨慎地体现企业的短期偿债能力,流动资产扣除存货后的剩余称为速动资产。速动比率的计算公式为：

速动比率＝速动资产／流动负债

＝（流动资产－存货）／流动负债

通常认为正常的速动比率为1，低于1的速动比率被认为是短期偿债能力偏低。但这仅是一般的看法，因为行业不同速动比率会有很大差别，没有统一标准的速动比率。例如，采用大量现金销售的商店，几乎没有应收账款，大大低于1的速动比率则是很正常的。相反，一些应收账款较多的企业，速动比率可能要大于1。

3. 现金比率

现金比率是企业现金类资产与流动负债的比率。现金类资产包括企业所拥有的货币资金和持有的短期性投资。它是速动资产扣除应收账款后的余额，由于应收账款存在着发生坏账损失的可能，某些到期的账款也不一定能按时收回，因此速动资产扣除应收账款后计算出来的金额，最能反映企业直接偿付流动负债的能力。现金比率的计算公式为：

现金比率＝现金类资产／流动负债

＝（货币资金＋短期投资）／流动负债

＝（速动资产－应收账款）／流动负债

虽然现金比率最能反映企业直接偿付流动负债的能力，这个比率越高，说明企业偿债能力越强。但是，如果企业停留过多的现金类资产，现金比率过高，就意味着企业流动资产结构不够合理，大量流动资产以获益能力低的现金类资产保持着，这会导致企业机会成本的增加。

需要强调的是，短期偿债能力受多种因素的影响，包括行业特点、经营环境、生产周期、资产结构、流动资产运用效率等。仅凭某一期的单项指标，很难对企业短期偿债能力作出客观评价。因此，在分析短期偿债能力时，一方面，应结合指标的变动趋势，动态地加以评价；另一方面，要结合同行业平均水平，进行横向比较分析。同时，还应进行预算比较分析，以便找出实际与预算目标的差距，探求原因，解决问题。

5.2.4.2 长期偿债能力分析

长期偿债能力是指企业对债务的承担能力和对偿还债务的保障能力。长期偿债能力分析是企业债权人、投资者、经营者和与企业有关联的各方面等都十分关注的重要问题。

在分析企业长期偿债能力时，通常利用的财务比率是资产负债率、已获利息倍数和所有者权益比率。

1. 资产负债率

资产负债率是指全部负债与全部资产的比率。计算公式如下：

资产负债率=（负债总额/资产总额）×100%

公式中的负债总额包括长期负债和短期负债。资产负债率越小，说明企业的债务负担越小，企业的长期偿债能力越高；资产负债率越大，说明企业的债务负担越大，企业的长期偿债能力越小。

一般来说，资产负债率介于30%-70%之间是适度的。资产负债率过高说明企业的长期偿债能力差，资产负债率过低说明企业没有利用好财务杠杆的效用。分析企业的长期偿债能力，需在同行业中进行比较。同时还要考虑资产计价的差异，如有些公司有大量的隐蔽性资产，但有些公司没有，在比较时应对资产项目进行相应调整，这样比较起来更客观。

2. 已获利息倍数

已获利息倍数也叫利息保障倍数，是指企业息税前利润与利息费用的比率，用以衡量偿付借款利息的能力。计算公式如下：

已获利息倍数=息税前利润/利息费用

公式中的利息费用既包括计入财务费用中的利息，也包括计入固定资产成本的资本化利息。已获利息倍数指标反映了企业息税前利润相对于需要支付的债务利息的倍数，倍数越大，偿付债务利息的能力越强；在确定已获利息倍数时，应本着稳健性原则，采用指标最低年度的数据来确定，以保证最低的偿债能力。

3. 产权比率

产权比率是负债总额与股东权益总额之比率。计算公式如下：

产权比率=（负债总额/股东权益）×100%

该指标一方面反映了由债权人提供的资本和股东提供的资本的相对比率关系，反映企业基本财务结构是否稳定。产权比率高，是高风险、高报酬的财务结构;产权比率低,是低风险、低报酬的财务结构。另一方面,该指标也表明债权人投入的资本受到股东权益保障的程度,或者说企业清算时对债权人利益的保障程度。

5.3 资产与资本结构匹配性分析

资产负债表中资产结构和资本结构之间的关系表现在两个方面:一方面,资产与负债及所有者权益之间的总量是相等的,资金一旦取得总要以某种资产的形态表现出来;另一方面,资产与资本在结构上存在对应性,资产负债表的两方都是按流动性强弱来确定排列其结构的。从资产一方看,其流动性表明了资产价值实现或转移或摊销时间的长度。而从负债及所有者权益一方看,其流动性表明了融资清欠、退还或者说可使用时间的长度。

资产结构与资本结构的对应关系可以分为三类:稳定结构、中庸结构和风险结构。

5.3.1 稳定结构

这种结构的主要标志是流动资产的一部分资金来源是由流动负债来满足的,而另一部分是由长期负债来满足的。

表5-6 稳定结构

流动资产	流动负债
非流动资产	非流动负债 所有者权益

这意味着:①非流动负债是长期融资,用来满足流动资产的需要时,将不会遇到流动压力或偿债压力。而其他长期资产由长期融资提供保证,也不会遇到偿债压力。因此,可以说这是一种风险最小的结构。②以长期融资来满足短期资产的资金需要,相对而言,融资成本最高,因为相对短期融资而言,长期融资成本高。这是一种低风险、高成本的资产资本配比结构。从稳健的角度看,流动负债应该小于流动资产,因为流动资产的变现需要时间,

企业只有采用稳健结构才能保证其流动比率大于1，这样流动资产足够来偿还流动负债，企业的偿债风险小，大多数企业都会采取稳健的资产资本配比结构。

5.3.2 中庸结构

资产与资本的中庸结构特征是流动资产的资金由流动负债提供，以非流动负债和所有者权益来为非流动资产提供资金。

表 5-7 中庸结构

流动资产	流动负债
非流动资产	非流动负债 所有者权益

这意味着：流动资产不会占用长期融资，从而使融资成本相对较低；流动负债也不会用来支持长期资产，从而使财务风险或偿债风险较低。结果是投资风险和融资风险中和后，企业风险变得均衡。所以说，这种结构风险中和、成本也和中。

企业如果采用中庸结构，存在一定的潜在风险，必须实现两个基本要求：一是企业的经营流转非常顺畅，不会遇到周转阻滞；二是企业的收账时间和数量必须与偿债时间和数量相匹配。如果两个条件有一个不能实现，企业将不得不面临到期偿债的风险，还可能陷入财务危机。虽然企业还可采用借新债还旧债的消极延缓方式，使风险暂时得以缓解。但是，借新债还旧债只适用于经营稳定、实力雄厚、信誉高的企业，即便采用也不可能无限延续下去，迟早会因经营流转不畅而面临财务风险。所以，在市场经济下，中庸结构很难实现到期还本付息以至消除财务风险。除非企业有十足的经营流转畅通把握和收账与偿债在时间和数量上紧密衔接。中庸结构只适用于经营状况良好、具有较好成长性的企业。

5.3.3 风险结构

资产与资本风险结构的特征是不仅流动资产的资金由流动负债提供，长期资产的部分资金也由流动负债提供。

表 5-8 风险结构

流动资产	流动负债
非流动资产	非流动负债 所有者权益

这意味着：①长期资产的资金由流动负债提供，使融资成本最低；②流动负债用来作为长期资产的资金来源，由于两者在流动性上的不对称，从而使财务风险最大。所以，这种结构是成本最低风险最大的结构。

一个企业如果采用风险结构，通常是市场处于良好或上升时期，企业也处于发展壮大过程，前景乐观，这时企业较容易借到资金。同时，由于流转顺畅，企业不断有收款来偿还借款，这就使企业借新债还旧债不仅可能，而且也能实现。这样，企业通过重复不断的短期借款，而获得长期使用的好处。一般来说，在短期内维持这种状况是有可能做到的。但企业想以此作为一种长期战略来保持风险结构，必然会遇到来自市场变动的严厉挑战，至多作为一种短期战术，以获取相应的风险收益—融资成本的相对节约。

纵观上述三种结构，可以看出，稳定结构是经常和长久采用的结构，它适合于各种企业；中庸结构对于经营状况特别好而且前景也看好的企业，可作为一种正常、持久的结构，但应注意保持良好的财务形象，以及时获得临时借款应付临时偿债压力；风险结构一般只能由各企业在某一较短的时期内使用，并要有准确的市场预测和良好的信用状况及环境。

5.4 资产负债表粉饰及识别

资产负债表的有关信息能够反映企业会计期末的财务状况，而财务状况的好坏，则直接关系到企业在资本市场上的再筹资能力。因此，某些财务状况欠佳而又急需资金的企业，自然就会产生操纵会计信息、粉饰资产负债表的动机和行为。

5.4.1 资产负债表粉饰的常见手法

目前企业主要通过以下手段粉饰资产负债表。

5.4.1.1 利用资产评估

根据规定，企业可以在股改中调整资产账面价值，有些上市公司，在上市前的股份制改制过程中，利用资产评估的机会，将坏账、滞销和毁损存货、长期投资和固定资产的损失以及递延资产等潜亏确认为评估减值，冲抵"资本公积"，消除潜亏。也有一些上市公司借评估之机，高估资产，或虚构资产交易，提高资产的现时价值，从而达到既不影响当期的利润，又为以后盈利打下基础的目的。

5.4.1.2 利用虚拟资产

资产是企业所有或控制的，能够为企业带来未来经济利益流入的资源。不能带来未来经济利益的项目，即使按照权责发生制的要求列入资产负债表的资产项目中反映，也不能说是真正意义上的资产，由此就产生了虚拟资产的概念。所谓虚拟资产，是指已经实际发生的费用或损失，但由于企业缺乏承受能力而暂时挂列为长期待摊费用、递延资产、待处理流动资产损失和待处理固定资产损失等项目。利用虚拟资产作为"蓄水池"，不及时确认、少摊或不摊发生的费用和损失，成为上市公司进行利润操纵的常用手法，其中最为突出的便是利息费用资本化。有些企业利用借款费用资本化规定终止时间的弹性进行操作，即在资产先交付使用、后办理竣工决算的情况下，为了增加利润，企业以办理竣工决算手续的时间作为借款费用资本化的终止时间，这样在借款费用继续资本化的同时，固定资产也可暂不计提折旧，就可以达到虚增资产、虚减当期费用的目的。

5.4.1.3 利用计提资产减值准备

由于坏账损失、存货跌价损失、持有至到期投资减值损失等部分资产的减值损失的计提由"董事会认可"就可以了，而且待减值迹象消除后，还可以转回。因此许多企业根据需要，当年将其认为的坏账、跌价损失、减值损失计提各类准备,而来年又认为不是坏账、不是损失,又确认为来年收益;或少提各项资产减值准备,或对高龄应收账款挂账不作坏账处理,从而增大资产,少计当期费用,虚增利润。

5.4.2 资产负债表粉饰的识别

对企业资产负债表粉饰的行为,可以借助以下手段进行识别。

5.4.2.1 财务报表综合分析法

对财务报表进行综合分析可以辨识造假行为:一方面应综合分析多期报表。企业提供的资产报表一般都是比较报表,直接拿来就可以进行纵向对比,通过对比,就不难发现异常现象,而且对比越多,识破假账的概率就越大。另一方面应对多张报表进行综合分析,利用它们之间的勾稽关系发现疑点。

5.4.2.2 财务比率分析法

财务分析可以利用财务比率发现问题,如各类周转率和负债率,当该指标过高或过低时就应引起警觉,如果企业的该项指标大大超过同行业的平均水平,我们就应该视为异常,进行重点排查和关注。

5.4.2.3 重点报表项目深入分析法

应收账款、其他应收款、坏账准备、固定资产、无形资产、长期股权投资等项目,都是重点分析的对象。当资产负债表上出现大量应收账款项目,利润表上出现巨额利润增加,而现金流量表却没有出现大量现金净流入时,就应怀疑利用赊销之名虚增利润和资产;用其他应收款的手法来虚增利润更是隐蔽,需专业人士进行详细调查;对于坏账准备,报表使用者在阅读公司财务报表的时候,要特别注意它是否公布了应收账款的账龄,是否按照账龄确定坏账准备金,是否及时转销了因长期拖欠或对方破产而无法偿还的应收账款。

第 6 章 利润表分析

【预期目标】

1. 了解利润表的信息特征;

2. 掌握企业盈利能力分析思路及具体方法,包括盈利能力基本分析、盈利结构分析及盈利质量分析,掌握利润分析的财务指标计算方法及经济含义;

3. 了解利润表粉饰的手段和识别方法。

【重点与难点】

重点:企业盈利能力基本分析相关指标,不同盈利结构的特征及发展趋势,盈利质量分析的思路及核心指标。

难点:根据不同盈利结构的特征判断企业未来发展趋势,辨识与利润相关的虚假信息。

【知识结构框图】

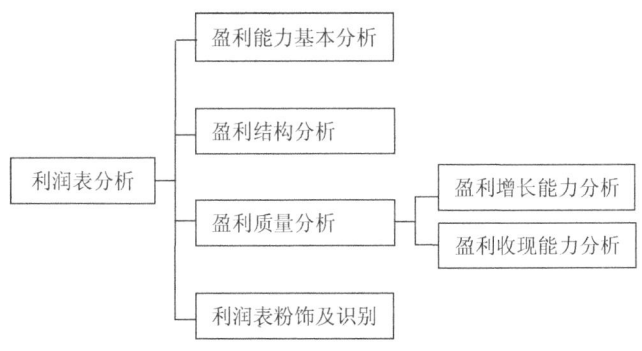

【章前案例】

蓝天股份公司近五年的各种利润来源的构成如下：

蓝天股份公司利润来源构成

项目/年度	2014 年度	2013 年度	2012 年度	2011 年度
销售毛利	+	+	+	+
营业利润	+	−	+	−
营业外收支净额	+	+	−	+
利润总额	+	−	+	+

请思考

1. 请对蓝天股份公司这些年的盈利情况按照由好到坏进行排序？
2. 利润总额为正，是否意味着蓝天公司的经营情况不存在问题？
3. 在利润总额为负的年份，蓝天公司的经营情况出现了什么问题？

利润对于一个企业而言，既是经营业绩的综合体现，又是进行利润分配的重要依据。利润表作为企业的核心报表之一，能够反映企业的盈利能力和发展趋势，通过对利润表中收入、成本费用和利润的分析，可以对企业的工作业绩做出评价，有助于预测企业的未来发展能力。

6.1 企业盈利能力基本分析

盈利能力是指企业获取利润的能力。一般来说，公司的盈利能力是指正常的营业状况。非正常的营业状况也会给公司带来收益或损失，但这只是特殊情况下的个别情况，不能说明公司的能力。因此，在分析公司盈利能力时，应当排除以下因素：证券买卖等非正常项目、已经或将要停止的营业项目、重大事故或法律更改等特别项目、会计准则和财务制度变更带来的累计影响等。企业的盈利能力越强，给投资者带来的回报会越高，相应的企业价值也会越大，带来的现金流量会越多，企业的偿债能力就会越强。

6.1.1 盈利能力分析的意义

盈利能力是企业投资人、债权人以及经营者共同关心的问题。

对投资人而言，企业盈利能力的强弱直接影响他们的权益。盈利能力强，税后利润多，投资者得到的利润就多，投资报酬越大，投资者就会更加愿意投资企业。另外，企业的盈利能力与其股票价格之间存在相关性。一般情况下，企业的盈利能力越高，企业价值就会提高，其股票在股市上的价格也会提高，投资者则会在股票交易中获得收益。

对债权人而言，企业盈利能力的强弱会对他们的权益造成影响。企业盈利水平越高，企业的偿债能力越强，即在偿还短期债务，长期债务和支付利息方面不会存在较大问题，因此企业债权人的权益将会得到保障。相反，如果企业盈利水平低，不能够获得维持企业生存发展的利润水平，那么企业偿还短期债务，长期债务和支付利息方面就会出现问题，企业债权人的权益必将得不到保障。

对企业经营者而言，盈利能力是企业财务结构和经营绩效的综合体现。

经营管理者通过分析盈利能力,可以评价、判断企业的经营成果,分析其变化原因,研究改进措施,不断提高盈利能力。如果管理者经营良好,企业就应该具有较高的利润水平,并且具有较强的盈利能力;如果企业经营较差,企业利润会很低甚至出现亏损,在这种情况下企业的盈利能力必然较弱。

6.1.2 盈利能力分析基本指标

反映公司盈利能力的指标很多,包括营业利润率、成本费用利润率、总资产报酬率、每股收益等。

6.1.2.1 营业利润率

营业利润率,是企业一定时期营业利润与营业收入的比率。

其计算公式为:营业利润率=营业利润/营业收入×100%

营业利润率越高,表明企业市场竞争力越强,发展潜力越大,盈利能力越强。

在实务中,也经常使用销售毛利率、销售净利率等指标来分析企业经营业务的获利水平。其计算公式分别如下:

销售毛利率。销售毛利率是毛利占销售收入的百分比,其中毛利是指销售收入与销售成本的差额。其计算公式为:销售毛利率=[(销售收入−销售成本)/销售收入]×100%。毛利率是企业销售净利率的最初基础,没有足够大的毛利率企业很难盈利。

销售净利率。销售净利率是指净利与销售收入的百分比,其计算公式为:销售净利率=净利润/销售收入×100%。该指标反映每一元销售收入带来的净利润的多少,表示销售收入的收益水平。

6.1.2.2 成本费用利润率

成本费用利润率,是企业一定时期利润总额与成本费用总额的比率。其计算公式为:

成本费用利润率=利润总额/成本费用总额×100%

其中:成本费用总额=营业成本+营业税金及附加+销售费用+管理费用+财务费用。成本费用利润率越高,表明企业为取得利润而付出的代价越小,成本费用控制得越好，盈利能力越强。

6.1.2.3 总资产报酬率

总资产报酬率，是企业一定时期内获得的报酬总额与平均资产总额的比率，反映了企业资产的综合利用效果。其计算公式为：

总资产报酬率=息税前利润总额/平均资产总额×100%

其中：息税前利润总额=利润总额+利息支出

平均资产总额=（期初资产总额+期末资产总额）/2。

一般情况下，总资产报酬率越高，表明企业资产利用效益越好，整个企业盈利能力越强。

6.1.2.4 每股收益

每股收益也称每股利润或每股盈余，是反映企业普通股股东持有每一股份所能享有企业利润或承担企业亏损的业绩评价指标。每股收益的计算公式为：

每股收益=归属于普通股东的当期净利润/当期发行在外普通股数

每股收益是衡量企业盈利能力最重要的财务指标之一，该指标越高，表明企业的获利能力越强。在分析时，可以进行公司间的比较，以评价该公司相对的盈利能力；可以进行不同时期的比较，了解该公司盈利能力的变化趋势；可以进行经营实绩和盈利预测的比较，掌握该公司的管理能力。

使用每股收益分析盈利性要注意以下问题：

（1）每股收益不反映股票所含有的风险。例如，假设某公司原来经营日用品的产销，最近转向房地产投资，公司的经营风险增大了许多，但每股收益可能不变或提高，并没有反映风险增加的不利变化。

（2）股票是一个"份额"概念，不同股票的每一股在经济上不等量，它们所含有的净资产和市价不同即换取每股收益的投入量不相同，限制了每股收益的公司间比较。

（3）每股收益多，不一定意味着多分红，还要看公司股利分配政策。

6.2 利润表结构分析

利润表结构分析即通过计算各因素或各种财务成果在结构上的重要性，说明财务成果的增减变动的原因及合理程度。基本计算公式如下：

结构比率＝各项目金额/总金额×100%

利用结构分析，可以考察总体中某个部分的形成与安排比例是否合理。利润表的结构分析应重点分析收入结构和盈利结构。

6.2.1 收入结构分析

收入是指企业在日常活动中形成的，会导致所有者权益增加的，与所有者投入资本无关的经济利益的总流入。收入结构分析包括收入来源的活动结构分析和产品结构分析。

收入来源的活动结构分析。企业收入来源于两类活动，经常性活动与非经常性活动，经常性活动中获取的收入为经常性收入，包括主营业务收入和其他业务收入。经常性收入具有可持续性、可再生性及稳定性；非经常性活动中形成的收入为暂时性收入，包括固定资产、无形资产变现收入、补贴收入等。非经常性活动下的收入具有偶然性、间断性。因此，通过分析经常性收入或非经常性收入在总收入中的占比，可以评价企业的经营风险和可持续发展能力。经常性收入的比重越大，企业可持续发展能力越强，经营风险越小。

收入来源的产品结构分析。收入来源的产品结构分析是指每一种产品的销售额在总销售额中所占比重，该指标可用来观察企业的经营模式、经营战略和经营风险。若企业每一种产品的销售比重很小或相差无几，说明企业多元化经营程度较高；若企业某一产品的销售比重占绝大部分，说明企业专业化经营程度较高。企业在开始采用多元化发展战略时，需要主营业务提供雄厚实力和稳定保障来支持，这不仅是企业多元化发展的前提，更是企业避免因多元化的风险而遭受灭顶之灾的客观要求。如果主营业务已经陷入困境，欲用多元化使企业摆脱困境，企业不仅缺乏足够的资源在新领域内建立新的优势，甚至还会使原来的经营领域受到连累而危及企业的生存。

6.2.2 盈利结构分析

企业的盈利结构是指构成企业利润的各种不同性质的盈利有机搭配比例。简单说来，盈利结构表现为企业的利润是由什么样的盈利项目组成的，也可理解为不同的盈利占总利润的比重。在企业盈利结构分析中，不仅要认识不同的盈利项目对企业盈利能力影响的性质，而且要掌握它们各自的影响程度。

盈利结构分析的重点在于利用不同利润类型分析各自对利润的影响情况。利润表可能具有的盈利结构如表 6-1 所示。

表 6-1 不同盈利结构分析

项目＼类型	A	B	C	D	E	F	G	H
主营业务利润❶	盈利	盈利	亏损	亏损	盈利	盈利	亏损	亏损
营业利润	盈利	盈利	亏损	亏损	盈利	亏损	亏损	亏损
利润总额	盈利	亏损	盈利	亏损	盈利	亏损	盈利	亏损
判断	优良	分析亏损状况	应采取措施及时调整	应采取措施及时调整	继续下去将破产	继续下去将破产	接近破产	接近破产
建议	保持	尽量控制异常因素	调整经营战略	调整经营战略	调整产品结构；控制费用开支	调整产品结构；控制费用开支	清盘	清盘

6.2.2.1 A 种类型

在 A 种类型下，盈利结构的各部分都是盈利的。通常情况下，这是一种正常的状态。企业只有处在这种状态，才能保证盈利的持续性和稳定性。当然，要确切判断企业盈利的持续性和稳定性，还要分析主营业务利润、其他业务利润、投资收益和营业外收支差额占企业利润的比重。

---

❶ 主营业务利润=营业收入 营业成本 营业税金及附加

6.2.2.2 B种类型

在B种类型下,企业从总的方面看是亏损的,这意味着企业当期净资产已不能补偿账面资本。但是,从B种类型下的盈利结构看,不仅作为企业生存和发展基础的主营业务利润为正,企业的经常性业务整体也是盈利的。企业亏损的主要原因是营业外损失过大,企业的营业利润不足以抵补。而营业外业务一般具有暂时性和不稳定性,它形成的损失不会持久。如果企业营业利润保持不变甚至提高,当营业外损失不存在时,企业又会恢复到盈利状态。

6.2.2.3 C种类型

在C种类型下,总的来看企业仍有利润,但这种状态是极不正常的。因为作为企业利润主要来源的主营业务出现了亏损,而企业通过其他业务利润抵补了亏损。在这种盈利结构下,企业很有必要做经营战略的转变。企业耗费大量资金和精力经营的主要业务由于种种原因已出现亏损,但目前的亏损状态还不严重,因为通过其他业务的利润还能抵补亏损。在这时,企业如果及时地做出经营上的调整,还能避免危机的爆发;否则,企业必然走入困境。

6.2.2.4 D种类型

在D种类型下,企业出现亏损。虽然有营业利润,但不足抵补营业外损失。D种类型下,企业存在的问题与C种状态下的基本一样。在D种状态下,企业更有必要作调整经营的布置,否则,企业出现的亏损会将企业的净资产慢慢蚕食,最后甚至出现资不抵债的困境。

6.2.2.5 E种类型

在E种类型下,虽然企业从总体看仍然盈利,但已潜伏着危机。企业主营业务虽然有盈利,但经常性业务总的来看是亏损的,即主营业务利润和其他业务利润不足以抵补期间费用。企业有盈利是因为有营业外收益,营业外收益弥补了经常性业务的亏损。但是,企业的营业外收益很难持久。一旦营业外收益减少,企业就会陷入破产的危机之中。

6.2.2.6 F 种类型

在 F 种类型下,企业的危机已显露出来,企业出现了总体的亏损。F 种状态比 E 种状态企业的处境更危险,因为企业此时虽然主营业务有利润,但经常性业务总的来说是亏损的。问题的原因可能出在主营业务上,主营业务利润率太低;或出在期间费用上,期间费用失去控制,费用太高。当出现 F 种状态时,企业必须将亏损的实质性原因找出来。否则,这种状态持续下去,企业就会走入困境。

6.2.2.7 G 种类型

在 G 种类型下,企业表面上还保持盈利,但已处在了火山爆发的边缘。企业的经常性业务全面亏损,仅靠营业外收益维持暂不亏损。经过分析,就可看出,企业继续经营下去,营业外收益一旦减少,企业就会亏损。G 种类型下,企业实质上是接近破产状态。

6.2.2.8 H 种类型

在 H 种类型下,企业不仅总的来说亏损,而且从盈利结构看,各类项目都是亏损的,企业此时已进入破产状态。

【案例】凭借非经常性损益扭亏为盈的湖南华菱钢铁股份有限公司复又亏损。

华菱钢铁与印度米塔尔的联姻给本来就波澜起伏的中国钢铁业再投下一颗巨石,正当市场对二者之间的合作抱以期望之际,华菱钢铁的业绩表现却不尽如人意。2009 年净利润比 2008 年下降了近 9 成,2010 年业绩也出现了自 1999 年上市以来的首次亏损。2011 年公司艰难盈利,2012 年复又亏损见表 6-2。

表 6-2 公司 2009—2012 年利润表　　单位:千元

	2012	2011	2010	2009
主营业务利润	824,627	2,503,115	817,228	2,919,808

续表

	2012	2011	2010	2009
营业利润	-3,380,299	-1,008,200	-2,529,655	57,836
利润总额	-3,356,958	83,557	-2,536,672	58,450

其中：主营业务利润=营业收入-营业成本-营业税金及附加

其他利润指标均直接来自于公司年报数据。

在2010年出现亏损以后，2011年公司利用营业外收入实现转亏，但是由于这种扭亏为盈缺乏企业常规业务的支持，因此盈利缺乏持续性和稳定性，导致2012年重又转为亏损。在营业外收入中（具体数据见表6-3），华菱钢铁主要的收入来源是政府补助，2011年补贴收入大幅增加，补贴项目主要来自于技术开发补贴和综合环保治理补贴（具体数据见表6-4），2011年12月，根据湖南省财政厅印发《湖南省财政厅关于下达湖南华菱钢铁股份有限公司、湖南华菱湘潭钢铁有限公司和衡阳华菱钢管有限公司技术开发和综合环保治理补助资金的通知》[湘财企指（2011）164号]、《湖南省财政厅关于下达湖南华菱涟源钢铁有限公司技术开发和综合环保治理补助资金的通知》[湘财企指（2011）165号]，为加快资源节约型和环境友好型社会建设，支持企业技术改造和环保治理，促进传统产业改造升级，经省政府批准，安排财政补助资金人民币5.96亿元和人民币5.1亿元以补贴2011年及以前年度已发生的费用支出，分别拨至华菱公司及子公司共计人民币11.06亿元。其中技术开发补贴人民币2.46亿元，综合环保治理补贴人民币8.6亿元。

表6-3 公司2011年营业外收入情况 单位：千元

项 目	2011年	2010年	2011年计入非经常性损益的金额
固定资产处置利得	42,531	305	42,531
政府补助	1,165,477	21,090	1,165,477
其 他	4,917	1,214	4,917
合 计	1,212,925	22,609	1,212,925

表 6-4 公司 2011 年政府补助明细　　　　　单位：千元

项　　目	2011 年
技术开发补贴	246,000
综合环保治理补贴	860,000
新型工业化补助资金	50,000
其　　他	9,477
合　　计	1,165,477

6.3 盈利质量分析

企业盈利质量的高低可以通过盈利增长能力和收现能力来判断。

6.3.1 盈利增长能力分析

企业盈利成长能力是盈利能力和成长能力的复合，强调企业盈利能力的持续发展情况。财务分析中，通常利用核心利润增长率、营业利润增长率和净利润增长率等指标衡量企业的盈利增长能力。为了更正确地反映企业盈利能力的成长趋势，应将企业连续多期的盈利能力增长率指标进行对比分析，这样可以排除个别时期偶然性或特殊性因素的影响，从而更加全面真实地揭示企业盈利能力增长情况。

6.3.1.1 核心利润增长率

核心利润率反映企业核心利润的增长能力。其计算公式为：

核心利润增长率=（本年核心利润额－上年核心利润额）/上年核心利润额×100%

其中：核心利润=营业收入－营业成本－营业税金及附加－销售费用－管理费用－财务费用。核心利润是企业自身经营活动带来的利润水平，分析核心利润的变动是判断企业经营活动产生的利润及其增长能力的重要内容。该指标越高，企业自身经营活动的未来盈利能力越值得期待。

6.3.1.2 营业利润增长率

营业利润增长率是反映了企业营业活动利润的增长能力，其计算公式如下：

营业利润增长率＝（本年营业利润总额-上年营业利润总额）/上年营业利润总额×100%

该指标越高，企业营业活动带来利润的速度越快，企业的盈利能力越强。

6.3.1.3 净利润增长率

净利润增长率是反映了企业经营成果的增长能力，其计算公式如下：
净利润增长率＝（本年净利润-上年净利润）/上年净利润×100%
该指标越高，企业经营成果的增长速度越快，企业的盈利能力越强。

6.3.2 盈利收现能力分析

盈利的收现能力是指盈利转化为现金的能力，即盈利的现金保障程度。盈利的收现能力可以通过以下指标进行分析。

6.3.2.1 经营现金净流量与净利润的比率

经营现金净流量与净利润的比率计算公式如下：
经营现金净流量与净利润的比率＝经营现金净流量/净利润
它可以反映净利润与经营现金流量之间的关系。一般而言，没有现金流量的利润，其盈利质量是不可靠的，如果一家公司的经营现金净流量与净利润比率<1，说明企业当期账面利润高，而实际现金收入低，有很大一部分形成了应收账款，此时，会计信息使用者有必要关注其债权资产的质量。

6.3.2.2 销售收现率

销售收现率计算公式为：
销售收现率＝销售商品、提供劳务收到的现金/销售收入
该指标越高，说明企业当期收入的变现能力越强。该指标>1，本期收到

的销货现金大于本期的销货收入,说明企业当期的销货全部变现,而且又收回了部分前期的应收账款,这种状况应当与应收账款的下降相对应。该指标=1,企业的销货收到的现金与本期的销售收入基本一致,说明企业的销货没有形成挂账,资金周转良好。该指标<1,本期销货收到的现金小于当期的销货收入,说明账面收入高,而变现收入低,应收账款挂账增多。

6.4 利润表粉饰与识别

企业的利润信息是会计信息使用者关注的重点信息,为了达到一定的目的,部分企业会粉饰利润表,利润表粉饰是指采用一定技巧或方法掩盖利润表真实的经营成果,企业对利润表的粉饰行为不一定违反法律规定。

6.4.1 利润表粉饰的动机

6.4.1.1 为了业绩考核而粉饰利润表

企业的经营业绩,其考核办法一般以财务指标为基础,如利润(或扭亏)计划的完成情况、投资回报率、产值、销售收入、国有资产保值增值率、资产周转率、销售利润率等,均是经营业绩的重要考核指标。经营业绩的考核,不仅涉及企业总体经营情况的评价,还涉及企业厂长经理的经营管理业绩的评定,并影响其提升、奖金福利等。为了在经营业绩上多得分,企业就有可能对其利润表表进行包装、粉饰。

6.4.1.2 为了获取信贷资金和商业信用而粉饰利润表

在市场经济下,银行等金融机构出于风险考虑和自我保护的需要,一般不愿意贷款给亏损企业和缺乏资信的企业。然而,资金对企业的维持和发展又是必不可少的因素。因此,为获得金融机构的信贷资金或其他供应商的商业信用,经营业绩欠佳、财务状况不健全的企业,常常采取各种手段美化报表。

6.4.1.3 为了发行股票而粉饰利润表

股票发行分为首次发行（IPO）和后续发行（配股）。在首次发行情况下，根据相关法律法规的规定，企业必须连续三年盈利，且经营业绩要比较突出，才能取得发行上市资格。此外，股票发行价格的确定也与盈利能力有关。为了募集资金，塑造优良业绩的形象，企业往往对利润表进行粉饰。在后续发行情况下，要符合配股条件，企业最近三年的净资产收益率每年必须在一定标准以上，不少企业为达到标准获取配股资格而粉饰利润表。

6.4.1.4 为了减少纳税而粉饰利润表

所得税是在会计利润的基础上，通过纳税调整，将会计利润调整为应纳税所得额，再乘以适用的所得税率而得出的。因此，基于偷税、漏税、减少或推迟纳税等目的，企业往往对利润表进行粉饰。当然，也有少数企业，基于资金筹措和操纵股价的目的，有时甚至不惜虚构利润，多交所得税，以"证明"其盈利能力。

6.4.2 利润表粉饰的类型

企业粉饰经营业绩，按照目的分类，主要包括三种类型：

利润最大化，这种类型的利润表粉饰在上市前一年和上市当年尤其明显。典型的做法是：提前确认收入、推迟结转成本、亏损挂账、资产重组、关联交易。

利润最小化，部分企业根据经营目标或面临的实际情况，也会将利润暂时隐藏起来，转至以后期间释放。典型做法是：推迟确认收入、提前结转成本，转移价格。

利润均衡化，企业为了塑造绩优股的形象或获得较高的信用等级评定，往往采用这种类型的利润表粉饰。典型做法是：利用相应收入、成本科目或关联交易等调节利润，精心策划利润稳步增长的趋势。

6.4.3 识别利润表粉饰方法

识别企业是否对利润表进行了粉饰，可以采取以下方法：

6.4.3.1 不良资产剔除法

不良资产除包括待处理流动资产净损失、待处理固定资产净损失、长期待摊费用等虚拟资产项目外,还包括可能产生损失的资产项目,如高龄应收账款、存货跌价损失、投资损失、固定资产减值损失等。该识别方法需注意两个方面:第一,看不良资产总额是否接近或超过净资产,若是则要说明公司财务状况可能存在一些问题,或是企业因为夸大利润而形成了"资产泡沫";第二,看本期不良资产的增减幅度是否超过利润变化的幅度,以分析企业本期的利润是企业正常经营下的真实利润,还是因人为操作而带有"水分"的利润。

6.4.3.2 关联交易剔除法

关联交易剔除法是指将来自关联企业的营业收入和利润总额予以剔除,分析某一特定企业的盈利能力在多大程度上依赖于关联企业,以判断这一企业的盈利基础是否扎实、利润来源是否稳定。具体运用是,分析企业同关联企业的交易情况,如交易次数和交易金额占企业总交易量的比例是否较高,他们之间的定价是否合理,是否存在以交易为手段而转移资产的现象等。同时,最好能够查看关联企业的报表,将二者结合对比,看各个账户是否存在严密的关系。

6.4.3.3 异常利润剔除法

异常利润剔除法是指将补贴收入、固定资产或无形资产处置收入等从企业的利润总额中剔除,以分析和评价企业利润来源的稳定性。当企业利用资产重组调节利润时,所产生的利润主要通过这些科目体现,此时,运用异常利润剔除法识别会计报表粉饰将特别有效。

6.4.3.4 现金流量分析法

现金流量分析法是指将经营活动产生的现金流量、投资活动产生的现金流量、现金净流量分别与主营业务利润、投资收益和净利润进行比较分析,以判断企业的主营业务利润、投资收益和净利润的质量。现金流量是企业的血脉,是企业正常运营所必需的,分析现金流量,可以帮助我们分析企业利润的产生和质量。通常情况下,企业的现金净流量应不低于净利润,否则,企业可能存在利用虚拟资产来粉饰报表的情况。

第 7 章 所有者权益变动表分析

【预期目标】

1. 了解所有者权益变动表的信息特征;
2. 理解所有者权益变动信息的作用;
3. 掌握所有者权益变动的定性分析方法和定量分析方法,能够对企业所有者权益变动的质量进行判断。

【重点与难点】

重点:所有者权益变动的质量分析方法及判断标准。

难点:所有者权益变动的定性分析方法及质量判断。

【知识结构框图】

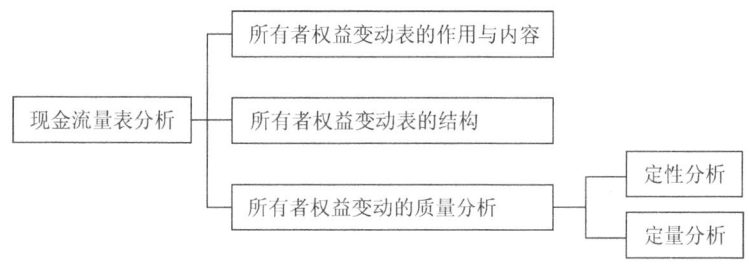

【章前案例】

2015 年 7 月 27 日,经上海电气集团股份有限公司(以下简称:"上海电气")四届二十一次董事会审议,同意上海电气(集团)总公司(以下简称

"电气总公司")和上海电气控股子公司上海机电股份有限公司(以下简称:"机电股份")对美国高斯国际有限公司(以下简称:"高斯国际")的债权进行债转股。此前,电气总公司和机电股份对高斯国际的债权分别为:22,945.50万美元和1,561.52万美元,在电气总公司和机电股份对高斯国际的债权进行债转股之后,电气总公司将持有高斯国际93.63%股权,机电股份由原来持有高斯国际100%股权变更至持有高斯国际6.37%股权。

请思考

在什么情况下,投资者愿意将债权转为股权?

债权转为股权对被投资企业产生什么影响?

第 7 章 所有者权益变动表分析

所有者权益变动表是全面反映一定时期企业所有者权益增减变动情况的报表,所有者权益变动表体现的是一种全面收益观念,不仅包括已实现的净收益,还包括未实现的,绕过利润表直接在资产负债表的所有者权益项目中列示的利得和损失。分析所有者权益变动表有助于报表使用者准确理解所有者权益增减变动的根源。

7.1 所有者权益变动表的作用及内容

7.1.1 所有者权益变动表的作用

所有者权益变动表可以全面反映一定时期所有者权益变动的情况,不仅包括所有者权益总量的增减变动,还包括所有者权益增减变动的重要结构信息,特别是要反映直接计入所有者权益的利得和损失。通过所有者权益变动表分析,报表使用者可以在准确理解所有者权益变动根源的基础上,提高投资决策的准确性。

7.1.2 所有者权益变动表的内容

在所有者权益变动表中,所有者权益变动表至少应当单独列示反映下列信息的项目:①净利润;②综合收益总额;③会计政策变更和差错更正的累计影响金额;④所有者投入资本和向所有者分配利润等;⑤按照规定提取的盈余公积;⑥实收资本(或股本)、资本公积、盈余公积、未分配利润的期初和期末余额及其调节情况。

7.2 所有者权益变动表的结构

为了清楚地表明构成所有者权益的各组成部分当期的增减变动情况,所有者权益变动表以矩阵的形式列示:一方面,列示导致所有者权益变动的交易或事项;另一方面,按照所有者权益各组成部分(包括实收资本、资本公积、盈余公积、未分配利润和库存股）及其总额列示交易或事项对所有者权益的影响。此外，企业还需要提供比较所有者权益变动表，所有者权益变动表还就各项目再分为"本年金额"和"上年金额"两栏分别填列。详见表7-1。

表 7-1 所有者权益变动表

编制单位：　　　　　　　　　　20＊＊年＊＊月　　　　　　　　　　单位：元

项目	本年金额								上年金额							
	实收资本（或股本）	资本公积	减：库存股	专项储备	盈余公积	一般风险准备	未分配利润	所有者权益合计	实收资本（或股本）	资本公积	减：库存股	专项储备	盈余公积	一般风险准备	未分配利润	所有者权益合计
一、上年年末余额																
加：会计政策变更																
前期差错更正																
其他																
二、本年期初余额																
三、本期增减变动金额（减少以"-"号填列）																
（一）综合收益总额																
（二）所有者投入和减少资本																
1. 股东投入的普通股																
2. 其他权益工具持有者投入资本																
3. 股份支付计入所有者权益的金额																
4. 其他																
（三）利润分配																
1. 提取盈余公积																
2. 提取一般风险准备																

续表

项目	本年金额								上年金额							
	实收资本（或股本）	资本公积	减：库存股	专项储备	盈余公积	一般风险准备	未分配利润	所有者权益合计	实收资本（或股本）	资本公积	减：库存股	专项储备	盈余公积	一般风险准备	未分配利润	所有者权益合计
3. 对所有者（或股东）的分配																
4. 其他																
（四）所有者权益内部结转																
1. 资本公积转增资本（或股本）																
2. 盈余公积转增资本（或股本）																
3. 盈余公积弥补亏损																
4. 其他																
（五）专项储备																
1. 本期提取																
2. 本期使用																
（六）其他																
四、本年年末余额																

7.3 所有者权益变动的质量分析

所有者权益变动表的分析应侧重于所有者权益各构成项目的具体变动情况，该表所包含的财务状况质量信息可以从定性和定量两个方面进行分析。

7.3.1 所有者权益变动情况的定性分析

7.3.1.1 区分"输血性"变化和"盈利性"变化

"输血性"变化是指企业因为股东入资而增加的所有者权益,而"盈利性"变化则是指企业依靠自身的盈利而增加的所有者权益。显然,这两个方面均会引起所有者权益总额的变化,但对报表使用者来说却有着不同的信息含义:"输血性"变化会导致企业资产增加,但因此增加的资产其盈利前景是不确定的;如果是"盈利性"变化且盈利质量较高,则意味着企业可持续发展的盈利前景看好。

7.3.1.2 关注所有者权益内部项目互相结转的财务效应

所有者权益内部项目互相结转,虽然不改变所有者权益的总规模,但这种变化会对企业的财务形象产生直接影响,或增加企业的股本数量(转增股本),或弥补了企业的累计亏损(盈余公积弥补亏损)。这种变化,虽然对资产结构和质量没有直接影响,但可能会对企业未来的股权价值变化以及利润分配前景产生直接影响。

7.3.1.3 关注其他综合收益的构成及其贡献

其他综合收益是引发所有者权益变动的不容忽视的因素之一。其他综合收益主要包括:可供出售金融资产产生的利得(或损失)金额;按照权益法核算的在被投资单位其他综合收益中所享有的份额;现金流量工具产生的利得(或损失)金额;外币财务报表折算差额;等等。这些项目可以帮助投资者了解企业全面收益的状况。

7.3.1.4 注意会计核算因素的影响

会计核算因素的影响,是指会计政策变更和差错更正对企业所有者权益的影响。这种影响,除了数字上的变化以外,对企业的财务状况质量没有实质改变。需要警惕的是年度间频繁出现前期差错更正事项的情况,这很有可能是企业蓄意调整利润所导致的后果。

7.3.1.5 企业股利政策对所有者权益的影响

在分析所有者权益变动表中"对所有者(或股东)的分配"金额的基础上,结合现金流量表中"分配股利、利润或偿付利息支付的现金"、资产负债表中"应付股利"项目的期初和期末余额以及资产负债表日后事项中有关股利分配的信息,便可了解企业的股利分配方式。一般认为,企业的股利分配方式可包含如下财务状况质量信息。

(1)现金股利所包含的财务状况质量信息。企业派发现金股利,是股东获取投资收益的一个来源,会导致现金流出企业,企业的资产和所有者权益总额同时减少,这在一定程度上会降低企业内源融资总量,因此这种股利分派形式既引起所有者权益内部结构发生变动,也引起企业总的资本结构发生变动。企业现金股利分配政策,既可以在一定程度上反映企业利润的质量,也在一定程度上反映企业的管理层对企业未来的信心程度:利润质量不好、对利润支付能力较差,以及对未来盈利能力信心不足的企业,是难以考虑支付大规模现金股利的。但近年来我国上市公司整体上出现了大规模分配现金股利的现象,主要是为了迎合证监会有关上市公司再融资的要求,因此,支付大规模现金股利的企业,其利润质量并不一定高。

现金股利的发放可以消除股东对未来收入不确定性的疑虑,增强他们对公司的信心,更加支持公司的发展与壮大。而如果企业不采用稳定的股利政策,通常会被市场认为是企业竞争优势减弱、财务实力下降、发展前景莫测的信号。因此,企业通常都会承受维持每股现金股利不下降的市场压力。

较多地分配现金股利,会使得企业减少内部融资来源,进而不得不进入资本市场寻求外部融资,这样更利于企业接受资本市场的有效监督,达到减少代理成本的目的。一般情况下,经常通过金融市场筹集资金的企业更可能按照投资者利益进行决策,从而显示出更好的财务状况质量。

(2)股票股利所包含的财务状况质量信息。从投资者的角度来看,股票股利一般被认为是成长中企业的行为,因此投资者往往认为发放股票股利预示着企业将会有较大发展,利润将大幅增长,这些足以抵消增发股票带来的消极影响。这种心理通常能提高投资者对企业的信心、稳住股价甚至反致其略有上升。而从企业的角度来说,发放股票股利既可以使股东分享企业的盈余，而又不支付大量的现金，便于企业扩大规模进行再投资，有利于企业的长期稳定发展。

然而企业派发股票股利并不会直接引起股东的股票市值总额发生变化，也不会引起任何资源实际流出企业，更不会导致企业负债的增加。也就是说，股票股利并不会引起企业资产、负债和所有者权益中任何一项的总额发生变动，只是引起所有者权益内部有关项目金额和所有者权益的内部结构发生变化，即未分配利润金额减少，股本和资本公积的金额相应增加。因而，在这种股利分派形式下，股东实际上是将收益留存在企业作为对企业的再投资。当然，只要企业预期具有较好的发展前景，股票股利通常还是被市场认为是一种对股东有利的股利分配方式，也会有利于企业财务实力的保持，为日后发展形成更多的储备，因而会在一定程度上有利于企业财务状况的改善。

但值得注意的是，企业高比例地派发股票股利，并不意味着企业一定具有较高的盈利能力和良好的财务状况质量，反而会引起企业股本规模的过快增长，如果企业的盈利水平不能以相应速度增长，就会引起企业每股收益的大幅下降，进而影响其市场形象和市场表现。

7.3.2 所有者权益变动情况的定量分析

投资者对企业投入资本的目的，是通过企业的资本增值实现自身财富的最大化，而这个目标的实现程度，主要是借助资本保值增值水平和所有者财务增长情况来判断。

7.3.2.1 资本保值增值水平分析

资本保值增值水平可以通过资本保值增值率反映。资本保值增值率是指企业期末所有者权益与期初所有者权益的比率，反映企业在一定会计期间资本保值增值水平的评价指标，是考核、评价企业经营效绩的重要依据。其计算公式为：

资本保值增值率=期末所有者权益/期初所有者权益×100%

在一般情况下，该指标比率越高，表明企业的经营业绩越好，给所有者带来的财富越多。但是，所有者权益的变动是多种原因引起的，如投资者追加投资等，虽然也增加了所有者权益，但却不能作为资本对待，类似项目需要在指标计算时进行调整。

7.3.2.2　所有者财富增长能力分析

所有者财富增长能力可以通过所有者财富增长率反映。所有者财富增长率是指实收资本（或股本）一定的情况下，附加资本的增长水平，其计算公式为：

所有者财富增长率=（期末每股净资产−期初每股净资产）/期初每股净资产×100%

所有者财富增长率是投资者或潜在投资者最为关心的指标，与每股收益一样，该指标既集中体现了所有者的投资效益，也可作为对经营者的考核指标。

第 8 章 现金流量表分析

【预期目标】

1. 了解现金流量表的信息特征;
2. 理解掌握现金流量质量分析的含义和现金流量信息的作用;
3. 掌握现金流结构分析、比率分析和趋势分析的方法,能够对企业现金流的质量进行判断;
4. 了解现金流量表粉饰的手段和识别方法。

【重点与难点】

重点:现金流结构分析方法,现金净流量的定性分析和定量分析方法,现金流的趋势分析方法。

难点:经营活动、投资活动、筹资活动的现金净流量定性分析方法,辨识与现金流量相关的虚假信息。

第8章 现金流量表分析

【知识结构框图】

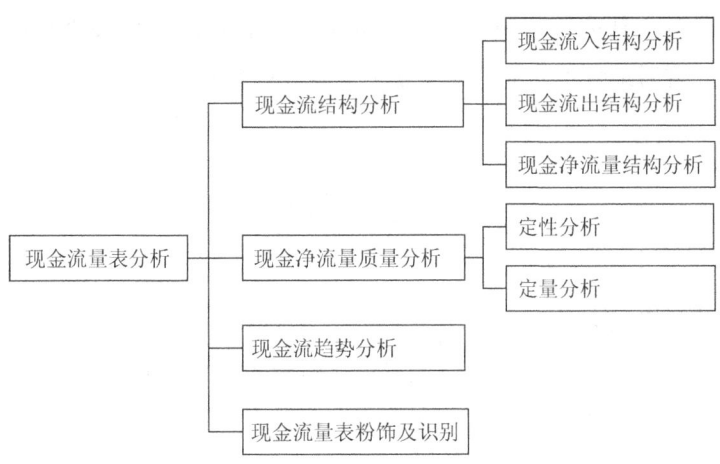

【章前案例】

1975年10月,美国最大的商业企业之一 W. T. Grant 公司宣告破产引起人们的广泛注意。令人不解的是,Grant 公司在破产的前一年,即1974年,其营业净利润近1000万美元,经营活动提供的营运资金2000多万美元;银行扩大贷款总额达6亿美元。而在1973年末,公司股票价格仍按其收益20倍的价格出售。为什么净利润和营运资金都为正数的公司会在一年后宣告破产?为什么投资者会购买一个濒临破产公司的股票而银行也乐于为其发放贷款?问题就出在投资者和债权人未对该公司的现金流动状况作深入的了解和分析。如果分析一下该公司的现金流量表,就会发现早在破产前5年,即1970年,该公司的现金净流量就已出现负数。

请思考

1. 一个企业的现金净流量出现负数意味着什么?
2. 如何利用现金流量信息分析企业的财务风险大小?

现金流量表是以收付实现制为基础编制的报表，信息的可靠性较高，是认识和评价企业的重要信息来源。对现金流量表的分析，既要掌握该表的结构及特点，分析其内部构成，又要结合利润表和资产负债表进行综合分析，以求全面、客观地评价企业的筹集现金、生成现金的能力。

8.1 现金流结构分析

现金流量表是会计报表的主表之一，是反映企业在特定期间内，现金及现金等价物的流入、流出信息的报表。从财务角度看，企业的活动可以视为是一个现金不断流转的过程，一方面现金流入企业，并在企业内转换，另一方面又流出企业。

8.1.1 现金流量结构分析的意义

现金流量结构可以划分为现金流入结构、现金流出结构和现金净流量结构。现金流量结构分析就是以这三类结构中某一类或一类中某个项目占其总体的比重所进行的分析。现金流量结构分析一般采用结构比率：结构比率=组成现金流的各个项目/现金流总额×100%。通过结构分析可以具体了解现金主要来自哪里、主要用于何处，以及净现金流量是如何构成的，并可进一步分析个体（即项目）对总体所产生影响、发生变化的原因和变化的趋势，从而有利于对现金流量做出更准确的评价。所以，现金流量结构分析有着重要意义。

8.1.2 现金流入结构分析

现金流入结构分析分为总流入结构分析和内部流入结构分析。现金总流入结构分析是对企业经营活动现金流入、投资活动现金流入和筹资活动现金流入在全部现金流入中所占比重进行分析；内部流入结构分析是对各项业务活动现金流入中具体项目的流入构成情况进行分析。通过现金流入结构分析，可以了解企业的现金来自何方，明确各现金流入项目在结构中的比重，分析存在的问题，为增加现金流入提供决策依据。

在现金流入结构具体分析中，可以通过将不同时期的构成比重进行对比，评价企业自身经营创造现金能力的强弱。通常情况下，经营活动现金流入所占现金总流入的比重越高，表明企业的财务基础越稳固，企业持续经营及获利能力的稳定程度越高，收益质量越好，抗风险能力也越强。反之，则说明企业现金的获得要依靠投资和筹资活动，财务基础薄弱，持续稳定获利的能力低，收益质量差。而在经营活动现金流入中，销售商品、提供劳务所收到的现金占比重越高，表明企业经营活动开展越有成效，经营基础越好，获利能力也会越强。

8.1.3 现金流出结构分析

现金流出结构分析同样分为总流出结构分析和内部流出结构分析。现金总流出结构分析是对企业经营活动现金流出、投资活动现金流出和筹资活动现金流出在全部现金流出中所占比重进行分析；内部流出结构分析是对各项业务活动现金流出中具体项目的流出构成情况进行分析。通过现金流出结构分析，可以了解企业的现金流向何方，明确各现金流出项目在结构中的比重，分析存在的问题，为控制现金流出提供决策依据。

在现金流出结构具体分析中，可以通过将不同时期的构成比重进行对比，评价企业现金流出的合理性。通常情况下，经营活动现金流出所占现金总流出的比重越高，表明企业生产经营越成熟，获利的能力会越强。反之，则可能说明企业生产经营处于起步成长或衰退阶段，获利的能力弱。而在经营活动现金流出中，购买商品、接受劳务所支付的现金占比重越高，表明企业经营活动正常，经营基础较好，获利的可能性越高。

8.1.4 现金流量净额结构分析

现金流量净额结构分析是对经营活动、投资活动、筹资活动以及汇率变动影响的现金流量净额占全部现金净流量的比重进行分析。通过现金流量净额结构分析，了解企业的现金流量净额是如何形成与分布的，进而对经营活动、投资活动、筹资活动的现金流入与其现金流出进行比较，有助于找出影响现金流量净额的因素，为改进企业现金流量状况提供依据。

8.1.5 现金流量结构分析应注意的问题

现金流量结构分析要结合企业所处的经营周期，企业处于不同的经营周期，其现金流量结构会有所不同。根据企业所处的经营周期确定分析的重点，具体应注意以下几点：

(1) 对处于开发期的企业，经营活动现金流量可能为负，我们应重点分析企业的筹资活动，分析其资本金是否足值到位，流动性如何，企业是否过度负债，有无继续筹措足够经营资金的可能；同时判断其投资活动是否适合经营需要，有无出现资金挪用或费用化现象。对于开发过程中对外筹措的资金，应通过现金流量预测分析将还款期限定于经营活动可产生现金净流入的时期。

(2) 对处于成长期的企业，经营活动现金流量应该为正，我们要重点分析其经营活动现金流入、流出结构，分析其货款回笼速度、赊销是否得当，了解成本、费用控制情况，预测企业发展空间。同时，我们要关注这一阶段企业是否存在过分扩张导致债务增加的现象。

(3) 对处于成熟期的企业，投资活动和筹资活动趋于正常化或适当萎缩，我们要重点分析其经营活动现金流入是否有保障，经营活动现金流入增长与营业收入增长是否匹配；同时关注企业是否过分支付股利和盲目对外投资，有无资金外流情况。

(4) 对处于衰退期的企业，经营活动现金流量开始萎缩，我们要重点分析其投资活动在收回投资过程中是否获利，有无冒险性的扩张活动，同时要分析企业是否及时缩减负债，减少利息负担。

8.2 现金净流量质量分析

现金净流量是一定时期内，企业现金及现金等价物的流入减去流出的余额，反映了企业本期内净增加或净减少的现金及现金等价物数额。现金净流量质量分析是指评价现金流量净额状态对企业经营的未来影响情况，在分析中，一般按照企业生产经营活动的不同类型对现金净流量质量进行分析，分析方法可以是定性分析也可以是定量分析。

8.2.1 现金净流量质量定性分析

8.2.1.1 经营活动产生的现金净流量质量分析

经营活动现金净流量是企业现金的主要来源,与净利润相比,经营活动所产生的现金净流量更能够确切地反映企业的经营质量。经营活动产生的现金净流量,一般存在以下三种情形:

1. 经营活动产生的现金流量净额为负

此时意味着企业通过正常的供、产、销所带来的现金流入量不足以支付因相应经营活动引起的现金流出。从企业成长的过程来分析,如果企业处于初创期,一方面由于生产的各个环节都还处在"磨合"状态,各种资源的利用率低,导致企业成本消耗较高;同时为了开拓市场,企业投入较多资金,采用各种手段将产品打入市场,导致以产品销售或劳务提供为主的经营活动产生的现金流入很少。如果是由于上述原因导致经营活动现金流量"入不敷出",应认为这是企业在成长过程中不可避免的正常状态。但是如果企业并非处于初创期,仍然出现这种状态,则应当认为经营活动现金流量质量差。

2. 经营活动产生的现金流量净额为零

此时意味着企业通过正常的供、产、销所带来的现金流入量恰恰能够支付因相应经营活动引起的现金流出,但不能为企业的投资活动和融资活动贡献现金。从长期来看,企业的设备利用到一定程度需要更新、改造,会产生大量额外的现金流需求,如果经营活动产生的现金净流量长期为零,企业没有现金积累,则在设备更新、改造时无法提供相应资金,因此,如果企业在正常生产经营期间持续出现此种状态,说明企业经营活动现金流量的质量不高。

3. 经营活动产生的现金流量净额为正

经营活动产生的现金净流量为正,意味着企业具有创造现金的能力,通常表明企业生产经营状况较好。但经营活动产生的现金流量仅仅为正是不够的,还要分析经营活动产生的现金流量与当期的非现金消耗性成本的关系。

若经营活动产生的现金流量净额为正但不足以补偿当期的非现金消耗性成本。企业虽然在现金流量的压力方面比前两种状态好,但从长期看仍不能维持再生产过程,也不能给企业经营活动现金流量的质量给予较高的评价。

若经营活动产生的现金流量净额为正且恰能补偿当期的非现金消耗性成本,此时企业现金流量的压力已解脱,如此状态持续则刚好能维持企业的再生产过程,仍不能为企业的投资活动和融资活动贡献现金。

只有经营活动产生的现金净流量为正并在补偿当期的非现金消耗性成本后仍有剩余,才意味着企业不但能够支付因经营活动而引起的现金流出、补偿全部当期的非付现成本,而且有余力为企业的投资等活动提供现金支持。这种状态通常表明企业产销对路,市场占有率高,销售回款能力强,同时企业的付现成本、费用控制有效。在这种状态下,企业经营活动现金净流量才具有很好的质量,对企业经营活动的稳定与发展、企业投资规模的扩大才能起到重要的促进作用。

8.2.1.2 投资活动产生的现金净流量质量分析

从投资活动的目的分析,企业的投资活动主要有三个目的:为企业正常生产经营活动奠定基础;为企业对外扩张和其他发展性目的进行的权益性投资和债权性投资;利用企业暂时不用的闲置货币资金进行短期投资,以求获得较高的投资收益。投资活动现金净流量的状况对企业发展模式具有重要影响。

1. 投资活动产生的现金流量净额为负

投资活动产生的现金流量净额小于零,意味着企业在购建固定资产、无形资产和其他长期资产、权益性投资以及债权性投资等方面所流出的现金之和,大于企业因收回投资、分得股利或利润、取得债券利息收入、处置固定资产、无形资产和其他长期资产而流入的现金之和。在一定时期即使企业投资活动产生的现金流量小于零,也不能简单地做出其投资活动现金流量质量较差的判断。在企业的投资活动符合企业的长期规划和短期计划的条件下,投资活动产生的现金流量净额小于零,表明企业经营活动发展和企业扩张的内在需要,也反映了企业在扩张方面的努力与尝试,是投资活动现金流量的正常状态。

2. 投资活动产生的现金流量净额非负

投资活动产生的现金流量大于或等于零，意味着企业在投资活动方面的现金流入量大于或等于流出量。这种情况的发生，如果是企业在本会计期间的投资回收的规模大于投资支出的规模，表明企业资本运作收效显著、投资回报及变现能力较强；如果是企业处理手中的长期资产以求变现，则表明企业产业、产品结构将有所调整，或者未来的生产能力将受到严重影响，或者企业由于陷入深度的债务危机不得不变卖资产渡过难关。因此，必须对企业投资活动的现金流量原因进行具体分析。

8.2.1.3 筹资活动产生的现金净流量质量分析

对筹资活动产生的现金净流量进行分析时，应主要关注筹资活动的现金净流量与经营活动、投资活动现金流量的匹配程度。筹资活动现金净流量反映了企业的融资能力和融资政策，不同状态具有不同经济含义。

1. 筹资活动产生的现金流量净额为正

筹资活动产生的现金流量净额大于零，意味着企业在吸收权益性投资、发行债券以及借款等方面所收到的现金之和大于企业在偿还债务、支付筹资费用、分配股利或利润、偿付利息以及减少注册资本等方面所支付的现金之和。

在企业起步到成熟的整个发展过程中，筹资活动产生的现金流量净额往往大于零，通常表明企业通过银行及资本市场的筹资能力较强。在分析企业筹资活动产生现金流量大于零是否正常时，关键要看企业的筹资活动是否已纳入企业的发展规划、是企业管理层以扩大投资和经营活动为目标的主动筹资行为，还是企业因投资活动和经营活动的现金流出失控造成企业不得已的筹资行为。

2. 筹资活动产生的现金流量净额为负

筹资活动产生的现金流量净额小于零，意味着企业筹资活动收到的现金之和小于企业筹资活动支付的现金之和。这种情况的出现，如果是企业在本会计期间集中发生偿还债务、支付筹资费用、分配股利或利润、偿付利息等业务，则表明企业经营活动与投资活动在现金流量方面运转较好，自身资金周转已经进入良性循环阶段，经济效益得到增强，从而使企业支付债务本息和股利的能力加强。如果是由于企业在投资和企业扩张方面没有更多作为造成的，或者是丧失融资信誉造成的，则表明筹资活动产生的现金流质量较差。

8.2.1.4 现金及现金等价物净增加额的质量分析

现金及现金等价物净增加额反映了企业的继续发展能力，可以按照以下思路进行质量分析。

1. 现金及现金等价物净增加额为正

企业的现金及现金等价物净增加额为正，如果主要是经营活动产生的现金流量净额引起的，通常表明企业经营状况好，收现能力强，坏账风险小；如果主要是投资活动产生的，甚至是由处置固定资产、无形资产和其他长期资产引起的，则表明企业生产经营能力衰退，或者是企业为了走出不良境地而调整资产结构，须结合资产负债表和损益表作深入分析；如果主要是筹资活动引起的，则意味着企业未来将支付更多的本息或股利，需要未来创造更多的现金流量净增加额，企业就可能承受较大的财务风险。

2. 现金及现金等价物净增加额为负

企业的现金及现金等价物净增加额为负数，通常是一个不良信息，这时需要详细分析现金流入和现金流出的具体内容。如果企业经营活动产生的现金流量净额是正数，且数额较大，而企业整体上现金流量净减少主要是固定资产、无形资产或其他长期资产投资引起的，或主要是对外投资引起的，则可能是企业为了进行设备更新或扩大生产能力或投资开拓更广阔的市场，此时现金流量净减少并不意味着企业经营能力不佳，而是意味着企业未来可能有更大的现金流入。同样情况下，如果企业现金流量净减少主要是由于偿还债务及利息引起的，这就意味着企业未来用于偿债的现金将减少，企业财务风险变小，只要企业生产经营保持正常运转，企业就不会走向衰退。

8.2.2 现金净流量质量定量分析

现金净流量定量分析主要是利用比率分析法对现金净流量的充足性、现金流动的有效性进行评价。

8.2.2.1 现金净流量的充足性分析

1. 净现金流量适合比率

净现金流量适合比率是用于确定企业从经营活动所产生的现金净流入满足当期各项资本支出、存货购置及发放现金股利等主要现金需求的程度。其计算公式如下：

净现金流量适当比率＝经营活动现金净流量/（资本支出＋存货增加额＋现金股利）×100%

若企业连续几年的现金流量适合比率均为1，表明企业经营活动所形成的现金流量恰好能够满足企业主要现金需要；若该比率计算结果小于1，说明企业经营活动的现金流入不能满足需要，应采取筹资措施；若计算结果大于1，意味着企业经营活动所形成的现金流入大于主要现金需要，企业可以考虑偿还债务以减轻利息负担，扩大生产经营规模或增加长期投资。

2. 债务保障率

债务保障率是以经营活动所产生的现金净流量与全部债务总额相比较，表明其对全部债务偿还的满足程度。其计算公式为：

债务保障率＝（经营活动现金净流量/负债总额）×100%

债务保障率越高，企业偿还债务的能力越强，一般认为企业的债务保障率只要超过借款付息率，债务人的权益就有保障。

为了更好地反映企业经营活动现金净流量对到期债务本息偿还的保障程度，有时需要计算到期债务本息保障率。其计算公式为：

到期债务本息保障率＝经营活动现金净流量/（到期债务＋到期利息）×100%

到期债务本息保障率越高，表明企业偿还到期债务本息的能力越强，当到期债务本息保障率小于100%时，则表明企业经营活动产生的现金流量不足以偿付到期债务本息。

3. 固定资产再投资率

固定资产再投资率可以反映经营活动所创造的现金净流量，能有多大比例再投资于企业的固定资产。其计算公式为：

固定资产再投资率＝购置固定资产支出总额/经营活动现金净流量×100%

若该项指标大于100%，说明企业固定资产投资支出超过了经营活动现金净流量，需通过筹资提供一定数量的资金。

8.2.2.2 现金流动的有效性分析

1. 每元营业收入现金净流量

每元营业收入现金净流量是反映企业营业所得的现金占其营业收入的比重。其计算公式如下：

每元营业收入现金净流量＝经营活动现金净流量/营业收入×100%

每元营业收入现金净流量越高，企业营业收入的质量越高。若每元营业收入现金净流量较低而收入高，则表明企业收入有可能是通过增加应收款为代价来实现的。

2. 盈余现金保障倍数

盈余现金保障倍数反映企业当期净利润实现了多少现金流入，可以说明净利润的质量。其计算公式为：

盈余现金保障倍数＝经营活动现金净流量/净利润

一般来说，在正常情况下企业的现金流入量主要依靠经营活动来获取。因此，通过该指标可以了解到企业净利润的现金含量，而净利润的现金含量是企业市场竞争力的根本体现。盈余现金保障倍数越大，表明净利润的质量越好；如果盈余现金保障倍数过小，则说明企业账面在获取利润的过程中经营活动的现金流入不足，甚至有操纵账面利润的可能。需要注意的是，在运用盈余现金保障倍数指标对企业收益质量进行分析时，不能仅仅以某一期间指标数据作为评价企业收益质量的依据，一般需用连续几期的数据进行比较，还可与企业的平均值或行业平均值进行比较，以便客观地判断企业收益的质量。

3. 现金报酬率

现金报酬率反映企业资产创造现金流入的能力。其计算公式如下：

现金报酬率＝经营活动现金净流量/资产总额×100%

该指标越高，说明企业的资产运营效率越高。该指标应该与总资产报酬率指标相结合运用，对于总资产报酬率较高的企业，如果该指标较低，说明企业的销售收入中的现金流量的成分较低，企业的收益质量就会下降。

8.3 现金流趋势分析

现金流趋势分析是指对企业的现金收入、支出及结余发生的变动及变动趋势，以及这种趋势对企业是有利还是不利进行的分析。对现金流量表进行分析，一个重要的意义就是预测企业未来现金流量的情况。但是，单凭企业一个时期的现金流量表并不能准确判断企业现金状态，不能有效预测企业未来的现金流量状况，只有对连续数期的现金流量表进行比较分析，即趋势分析，才能为决策提供更可靠的依据。

现金流趋势分析通常是采用编制历年财务报表的方法，即将连续多年的报表，至少是最近两年、三年，甚至五年、十年的财务报表并列在一起加以分析，以观察变化趋势。相对于单看一个报告期的财务报表，这样能了解到更多的信息和情况，并有利于分析变化的趋势。现金流趋势分析法主要有三种：定比分析、环比分析、平均增长分析。

定比分析。现金流定比分析，是将各年现金流量与某一固定时期的现金流量水平进行对比，反映企业各期现金流量与固定时期对比的总增长变化情况。

环比分析。现金流环比分析，是将各年现金流量与其前一年的现金流量水平进行对比，反映企业各期现金流量比其前一期增长变化的情况。两种方法相比，定比分析主要用于说明企业现金流在一个比较长的时期内总的发展变化的情况；环比分析主要用于说明企业现金流各期发展变化的情况。

平均增长分析。为了避免定比和环比分析中现金流增长变动受经营活动短期波动因素的影响，可以通过计算连续三年的现金流平均增长率，来反映在企业较长时期内的现金流增长情况，从现金流的长期增长趋势和稳定程度来判断企业现金流量趋势。具体计算分析时，可将主要项目的现金流入、流出和净流量进行增长变动分析。平均增长分析具有稳健、准确的特点。

8.4 现金流量表粉饰及识别

8.4.1 现金流量表的粉饰手段与案例

现金流量表在公司的经营管理与投资者的分析决策中作用越来越重要，因此不乏报表编制者对现金流量表进行粉饰。以下是现金流量表的几种粉饰方法：

8.4.1.1 粉饰"现金及现金等价物的净增加额"

粉饰现金及现金等价物的净增加额，力图使得经营活动产生的现金净流量以较大的正数反映，同时资产负债表的"货币资金"一项也出现巨额存款，来突出企业正处于正常发展阶段。上市公司粉饰现金流量的常用手法是在会计期末向银行借入贷款，增加现金流入量，人为地使现金净量增加额为正数；或者通过与关联方串通来虚增现金流量。例如，某上市公司的产品大都是销售给关联方的，年底上市公司的关联方将货款悉数还清，第二年初再将货款提回，这样对于上市公司来说，不仅利润水平提高，而且现金流量良好，对关联方则并无大的影响。有的上市公司甚至直接伪造进账单、对账单虚构银行存款或利用未达账项操纵银行存款余额。

【案例】同时虚增"销售商品收到的现金"与"采购支付的现金"。例如，某公司销售收入 5.77 亿元，销售商品收到的现金高达 8.34 亿元，而同期应收账款、应收票据和预收账款的变动合计只有几百万元，无法补平销售收现与销售收入之间的差距；主营业务成本 4.39 亿元，采购货物支付的现金高达 7.41 亿元，同期应付账款、应付票据及存货的变动数千万元，也无法填平 2 亿多元的差距。因此有理由怀疑公司是否同时虚增了"销售商品收到的现金"与"采购支付的现金"。

8.4.1.2 粉饰"销售商品、提供劳务所收到的现金"

经营活动的现金流量是企业正常生产经营活动产生的现金流量，主营业务是该项现金流量的主要来源。主营业务突出、收入稳定是企业运营良好的重要标志。随着证券市场的发展，投资者的素质也越来越高，投资者常常用"经营活动所产生的现金净流量与净利润比"来甄别利润的含金量。但是经营活动所产生的现金净流量又是现金流量表上最容易产生和制造泡沫的地方，当前上市公司对现金流量的粉饰一般都集中在经营活动现金流量部分，每股经营性现金净流量已经变得不那么可信了。

【案例】某上市公司是以炒股所得支撑利润高速增长的神话，配合二级市场股价的炒作的典型案例。作为以电力自动化设备制造为主业的工业企业，公司竟然将逾10亿元炒股所得纳入主营业务收入，同时计入"销售商品、提供劳务收到的现金"，年报中主营业务收入高达13.75亿元（后调减为8.71亿元），相应的"销售商品、提供劳务收到的现金"达11.09亿元。随后，公司被迫进行重大会计差错更正，将每股收益0.52元调减为0.107元，每股经营活动产生的现金流量净额0.41元下调至0.12元。

8.4.1.3 粉饰"购买商品、接受劳务支付的现金"

购买商品、接受劳务支付的现金是经营活动现金流量的扣除项。如果企业该付的款项不付，只进不出，现金流量当然会增加。但这种短期行为将对公司的长远发展产生消极影响。

【案例】某上市公司每股收益0.26元，每股经营性现金流更是达到0.58元。但是，公司并不进行股利分配。现金流量表间接法编制的附注中显示，公司应付项目增加超过7亿元。从资产负债表上看，公司仅应付账款、其他应付款、应付票据三项合计就达5.57亿元。显然这些款项是必须支付的。而扣除这些因素，公司经营性现金流事实上将出现负值。

8.4.1.4 粉饰"收到的其他与经营活动有关的现金"

其他与经营活动有关的现金反映除主营业务以外其他与经营活动有关的现金活动，如罚款收入、流动资产损失中由个人赔偿的现金收入等。正常情况下，此项目金额应该较小，但依然有公司可以在此处大做文章。有的公司收回了欠款，虽然这笔钱与经营无关，但仍计入该项目或者延迟支付货款和其他款项。有的上市公司将与关联方进行的大额款项往来，这一现金来源本应在筹资活动"借款所收到的现金"中反映,但由于已被计入了"其他应付款"故将此笔现金流入列入"收到的其他与经营活动有关的现金"项目,相应地经营活动产生的现金净流量就扩大了。

【案例】某高校旗下公司股票公开发行上市,发行当年和次年"经营活动现金流"为-860万元和1726万元,远远小于"经营活动的利润"的4334万元和5718万元,说明各年度经营利润主要来自权责发生制下应计利润的增加,缺乏现金支撑,但这在当时并未造成该公司发行上市的障碍。随后,公司申请配股,该年度现金流量表显示"经营活动现金流"有所好转,达到5950万元,已经接近经营活动的利润6126万元。但分析会计报表附注不难发现,申请配股时应付账款在年初9731万元的基础上增加了5393万元,说明公司通过延迟付款以减少当年现金支出。与此同时,公司其他应付款长期挂账,一年以上款项达3000万元。假如公司不是有意推迟偿付应付账款和其他应付款,经营活动现金流将"难看"得多。

8.4.2 现金流量表粉饰的识别方法

对于经过粉饰的现金流量表,可以借助以下方法进行识别。

8.4.2.1 重视对现金流形成过程与结构的分析

现金流量表上的"现金及现金等价物净增加额"只是一个结果而已,关键是关注它所形成的过程及其构成比例。就像目前某些公司的净利润中包含较多非经常性损益一样,"现金及现金等价物净增加额"同样也可能包含着非经常性现金。投资者希望上市公司的利润更多来自于主营业务,而不是来自"副业",在分析中,应注意区分经常性和非经常性现金流。如补贴收入收到的现金是列入经营活动产生的现金流量,显然是一次性或偶发性;投资活动产生的现金流量中"处置固定资产而收回的现金净额"尽管为企业带来现金流入,但它却有可能是企业濒临破产而变卖资产,它们都属于非持续行为。因此,投资者阅读现金流量表时应注意剔除非经常性损益产生的现金流量和其他非持续性的现金流量。

8.4.2.2 重视对现金流量表间接法编制附注的分析

间接法编制的现金流量表从净利润开始倒推出经营活动的现金流量，这可以看出净利润与经营活动现金流量差异的原因，并进一步查找出泡沫。例如，很多上市公司的经营活动现金净流量大于净利润，并非是大多上市公司经营状况好转了，而是由于资产跌价准备的计提导致了净利润和经营性现金流量之间的差异。

8.4.2.3 将现金流量表的有关项目与其他报表结合起来分析，多表并看

由于资产负债表、利润表和现金流量表有内在逻辑勾稽关系，可以从另外两张报表各项目的变动中寻找公司现金流量增减的实质。例如，投资者应检查现金流量表中的"销售商品收到的现金"项目和利润表中的主营业务收入以及资产负债表中应收账款、应收票据、预收账款等项目的对应关系；检查现金流量表中"购买商品支付的现金"与利润表中的主营业务成本、资产负债表中存货、应付账款、应付票据、预付账款等项目的对应关系；重视"购建固定资产、无形资产和其他长期资产所支付的现金""投资所支付的现金"与资产负债表中固定资产、长期投资的对应关系研究。

8.4.2.4 现金流量表的阅读还应结合其他信息了解

如阅读财务报表附注，了解行业情况及公司相关背景，了解传媒中关于该公司的其他信息等。这样可以直接加深对现金流量表的理解。比如，企业投资活动现金为负，我们可以通过阅读上市公司的财务报表以外的其他信息披露，进一步审查其是否有带来良好效益的项目投资及项目进展情况、发展前景等，以进一步判断企业的整体经营素质和管理水平。

第 9 章 合并报表分析

【预期目标】

1. 了解企业合并的类型；
2. 了解合并报表的信息特征；
3. 了解合并报表的编制方法；
4. 理解合并报表编制原则；
5. 掌握合并报表分析思路及方法。

【重点与难点】

重点：合并报表编制原则，合并报表分析思路与方法。

难点：利用合并报表分析思路与方法对合并资产负债表、合并利润表、合并现金流量表进行分析。

【知识结构框图】

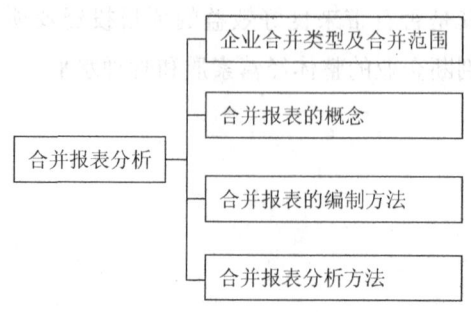

【章前案例】

根据 GM 公司 2014 年公布的年度财务报表，母公司资产负债表的"其他应收款"金额与合并资产负债表的"其他应收款"金额见下表。

	2014 年 12 月 31 日		2013 年 12 月 31 日	
	合并	母公司	合并	母公司
其他应收款	56000 万	45000 万	40800 万	44000 万

请思考

1. 合并报表与母公司报表的"其他应收款"在数量大小上应该是什么关系？

2. 合并报表与母公司报表的"其他应收款"的差异说明了什么问题？

合并财务报表分析是财务报表信息使用者了解企业集团财务状况并据以做出管理决策的重要途径，通过对合并报表的综合分析及与母公司报表的对比分析，可以对企业集团的财务状况形成全面、深入认识，有助于发现企业集团在运营中存在的管理问题。

9.1 企业合并类型及合并范围

9.1.1 企业合并类型

企业合并是指将两个或两个以上单独的企业合并形成一个报告主体的交易或事项。企业合并从合并方式划分，包括控股合并、吸收合并和新设合并。合并方（或购买方）在企业合并中取得对被合并方（或被购买方）的控制权，被合并方（或被购买方）在合并后仍保持其独立的法人资格并继续经营，合并方（或购买方）确认企业合并形成的对被合并方（或被购买方）的投资，为控股合并。合并方（或购买方）通过企业合并取得被合并方（或被购买方）的全部净资产，合并后注销被合并方（或被购买方）的法人资格，被合并方（或被购买方）原持有的资产、负债，在合并后成为合并方（或购买方）的资产、负债，为吸收合并。参与合并的各方在合并后法人资格均被注销，重新注册成立一家新的企业，为新设合并。

企业合并从合并类型划分，包括同一控制下的企业合并和非同一控制下的企业合并。参与合并的企业在合并前后均受同一方或相同的多方最终控制且该控制并非暂时性的，为同一控制下的企业合并。参与合并各方在合并前后不受同一方或相同的多方最终控制的合并交易，即同一控制下企业合并以外的其他企业合并，为非同一控制下的企业合并。

9.1.2 合并范围

合并财务报表的合并范围应当以控制为基础予以确定。控制，是指一个企业能够决定另一个企业的财务和经营政策，并能据以从另一个企业的经营活动中获取利益的权力。母公司直接或通过子公司间接拥有被投资单位半数以上的表决权，表明母公司能够控制被投资单位，应当将该被投资单位认定为子公司，纳入合并财务报表的合并范围。母公司拥有被投资单位半数或以下的表决权，满足下列条件之一的，视为母公司能够控制被投资单位，应当将该被投资单位认定为子公司，纳入合并财务报表的合并范围。

（1）通过与被投资单位其他投资者之间的协议，拥有被投资单位半数以上的表决权。

（2）根据公司章程或协议，有权决定被投资单位的财务和经营政策。

（3）有权任免被投资单位的董事会或类似机构的多数成员。

（4）在被投资单位的董事会或类似机构占多数表决权。

应纳入合并范围的企业，如果有证据表明母公司不能控制该企业，则不纳入合并范围。

在确定能否控制被投资单位时，应当考虑企业和其他企业持有的被投资单位的当期可转换的可转换公司债券、当期可执行的认股权证等潜在表决权因素。

9.2 合并报表的概念

合并财务报表，是指反映母公司和其全部子公司形成的企业集团整体财务状况、经营成果和现金流量的财务报表。主要包括合并资产负债表、合并利润表、合并现金流量表、合并所有者权益（或股东权益，下同）变动表及附注。合并财务报表视企业集团为一个会计主体，反映其所控制的资产、承担的负债、实现的收入、发生的费用及现金流状况等信息。

（1）合并报表所反映的会计主体，是会计意义上的"主体"，合并报表不反映任何现存企业的财务状况和经营成果。合并报表是以整个企业集团为单位，以组成企业集团的母公司和子公司的个别会计报表为基础，在抵销了个别会计报表有关集团内的重复项目的数额后编制的体现企业集团整体财务状况的报表。换言之，组成集团的母公司、子公司均是独立核算、有各自独立的财务、经营体系，独立对其股东出具财务报告的经济实体。集团内的各个母公司、子公司等均有效地支配着各自报表所展示的资源，并运用各自报表所披露的资源来取得各自的财务成果。整个集团内的母公司与子公司之间，主要以股权关系为纽带，有机地联系在一起。但是，并不存在一个支配合并报表所列示的资源，通过对这种资源的有效运用或支配来谋求经济利益的经济主体。

（2）合并范围、合并报表编制方法的可选择性以及合并报表的"表之表"特点，使得合并报表的外在表现呈现出弹性化的特性，合并报表编制的正确性不再体现为个别报表的可验证性，而是体现为编制过程逻辑关系的正确性。这里，合并范围是指在母公司编制合并报表中所涉及的公司范围。各国与国际会计准则对合并范围均作了规定，其共同点是合并范围均排除一些不宜纳入合并报表的企业。

但是，是否把某个特定的子公司排除在合并范围之外，主要取决于母公司对该子公司是否符合准则规定的条件判断。在一定条件下，母公司可能出于某种考虑，而故意把某些子公司排除在合并范围之外。就合并报表的编制方法而言，受编制合并会计报表理论（母公司理论、实体理论、所有权理论）的影响，不同国家、同一国家的不同企业有可能选择不同的合并报表编制方法。对于同一个企业集团来说，选用不同的报表编制方法，将使得合并报表有不同的外在表现。合并报表的"表之表"特点，是指合并报表是母公司以合并范围内的母公司、子公司的报表为基础编制的。在个别报表的条件下，企业的报表与账簿、凭证以及实物等有可验证性的对应关系。报表编制的正确与否，可以通过这种可验证性来检验。但是，在合并报表的条件下，由于在编制过程中的集团内部交易的抵销，合并报表与分散在企业集团各个企业的账簿、凭证以及实物不可能存在个别企业报表的那种可验证性的关系，合并报表的正确性也仅仅具有逻辑关系正确与否的意义。

（3）编制过程中对集团内部交易的剔除以及大部分项目的直接相加，使得对个别报表有意义的信息在合并报表中或消失、或失去意义。在合并报表的编制过程中，要对集团内的内部交易进行剔除。主要包括：①母公司对子公司的投资与子公司股东权益（所有者权益）中属于母公司的部分互相抵销；②母子公司之间的债权债务互相抵销；③"存货"项目中，集团内公司间的内部销售所产生的未实现内部销售利润的抵销，等等。但上述被剔除的项目对个别企业是有意义的：企业的债务仍然需要偿还、实现销售的企业也已经将实现的收入计入了利润表,等等。

9.3 合并报表编制方法

为了编制合并会计报表,母公司应当统一于子公司的会计政策、会计报表决算日、会计期间和记账本位币;对境外子公司以外币表示的会计报表,按照一定的汇率折算为以母公司的记账本位表示的会计报表。母公司对子公司的权益性资本应采用权益法进行处理。

合并报表的编制方法主要包括合并资产负债表、合并利润表、合并现金流量表和合并所有者权益变动表的编制方法。

9.3.1 合并资产负债表编制方法

合并资产负债表应当以母公司和子公司的资产负债表为基础,在抵销母公司与子公司、子公司相互之间发生的内部交易对合并资产负债表的影响后,由母公司合并编制。子公司所有者权益中不属于母公司的份额,应当作为"少数股东权益"在合并资产负债表中所有者权益项目下以"少数股东权益"项目列示。

(1) 母公司对子公司的长期股权投资与母公司在子公司所有者权益中所享有的份额应当相互抵销,同时抵销相应的长期股权投资减值准备。在购买日,母公司对子公司的长期股权投资与母公司在子公司所有者权益中所享有的份额的差额,应当在商誉项目列示。商誉发生减值的,应当按照经减值测试后的金额列示。各子公司之间的长期股权投资以及子公司对母公司的长期股权投资,应当比照上述规定,将长期股权投资与其对应的子公司或母公司所有者权益中所享有的份额相互抵销。

(2) 母公司与子公司、子公司相互之间的债权与债务项目应当相互抵销,同时抵销应收款项的坏账准备和债券投资的减值准备。母公司与子公司、子公司相互之间的债券投资与应付债券相互抵销后,产生的差额应当计入投资收益项目。

(3) 母公司与子公司、子公司相互之间销售商品或提供劳务,或其他方式形成的存货、固定资产、工程物资、在建工程、无形资产等所包含的未实现内部销售损益应当抵销。对存货、固定资产、工程物资、在建工程和无形资产等计提的跌价准备或减值准备与未实现内部销售损益相关的部分应当抵销。

（4）母公司与子公司、子公司相互之间发生的其他内部交易对合并资产负债表的影响应当抵销。

9.3.2　合并利润表编制方法

合并利润表应当以母公司和子公司的利润表为基础，在抵销母公司与子公司、子公司相互之间发生的内部交易对合并利润表的影响后，由母公司合并编制。子公司当期净损益中属于少数股东权益的份额，应当在合并利润表中净利润项目下以"少数股东损益"项目列示。

（1）母公司与子公司、子公司相互之间销售商品所产生的营业收入和营业成本应当抵销。母公司与子公司、子公司相互之间销售商品，期末全部实现对外销售的，应当将购买方的营业成本与销售方的营业收入相互抵销。母公司与子公司、子公司相互之间销售商品，期末未实现对外销售而形成存货、固定资产、工程物资、在建工程、无形资产等资产的，在抵销销售商品的营业成本和营业收入的同时，应当将各项资产所包含的未实现内部销售损益予以抵销。

（2）在对母公司与子公司、子公司相互之间销售商品形成的固定资产或无形资产所包含的未实现内部销售损益进行抵销的同时，也应当对固定资产的折旧额或无形资产的摊销额与未实现内部销售损益相关的部分进行抵销。

（3）母公司与子公司、子公司相互之间持有对方债券所产生的投资收益，应当与其相对应的发行方利息费用相互抵销。

（4）母公司对子公司、子公司相互之间持有对方长期股权投资的投资收益应当抵销。

（5）母公司与子公司、子公司相互之间发生的其他内部交易对合并利润表的影响应当抵销。

9.3.3 合并所有者权益变动表的编制方法

合并所有者权益变动表可以根据母公司和子公司的所有者权益变动表为基础编制，也可以根据合并资产负债表和合并利润表进行编制。有少数股东的，应当在合并所有者权益变动表中增加"少数股东权益"栏目，反映少数股东权益变动的情况。

（1）母公司对子公司的长期股权投资应当与母公司在子公司所有者权益中所享有的份额相互抵销。各子公司之间的长期股权投资以及子公司对母公司的长期股权投资，应当比照上述规定，将长期股权投资与其对应的子公司或母公司所有者权益中所享有的份额相互抵销。

（2）母公司对子公司、子公司相互之间持有对方长期股权投资的投资收益应当抵销。

（3）母公司与子公司、子公司相互之间发生的其他内部交易对所有者权益变动的影响应当抵销。

9.3.4 合并现金流量表的编制方法

合并现金流量表应当以母公司和子公司的现金流量表为基础，在抵销母公司与子公司、子公司相互之间发生的内部交易对合并现金流量表的影响后，由母公司合并编制。

（1）母公司与子公司、子公司相互之间当期以现金投资或收购股权增加的投资所产生的现金流量应当抵销。

（2）母公司与子公司、子公司相互之间当期取得投资收益收到的现金，应当与分配股利、利润或偿付利息支付的现金相互抵销。

（3）母公司与子公司、子公司相互之间以现金结算债权与债务所产生的现金流量应当抵销。

（4）母公司与子公司、子公司相互之间当期销售商品所产生的现金流量应当抵销。

（5）母公司与子公司、子公司相互之间处置固定资产、无形资产和其他长期资产收回的现金净额，应当与购建固定资产、无形资产和其他长期资产支付的现金相互抵销。

（6）母公司与子公司、子公司相互之间当期发生的其他内部交易所产生的现金流量应当抵销。

9.4 合并报表分析方法

9.4.1 通过比较母公司报表与合并报表的相关项目，可以识别控制性投资所占用的资源与控制性投资所撬动的增量资源

9.4.1.1 控制性投资所占用的资源

企业对外控制性投资所占用的资源，主要集中在可供出售金融资产和长期股权投资上。但是，并不是企业所有的可供出售金融资产和长期股权投资均为控制性投资。

1. 直接占用

利用合并报表编制过程中控制性投资将被抵销掉的原理，我们可以通过比较母公司报表与合并报表中可供出售金融资产和长期股权投资两个项目之间的差额大致确定企业的控制性投资直接占用的资源规模：合并报表小于母公司报表的差额就是控制性投资直接占用的资源规模。

2. 经营占用

除了直接提供资金设立子公司外，母公司还会向子公司提供经营资金。我国企业向子公司提供经营资金的通道往往是"其他应收款"和"预付款项"。同样的道理，并不是企业所有的"其他应收款"和"预付款项"的项目规模均为向控制性投资提供的资金。我们可以通过比较母公司报表与合并报表"其他应收款"和"预付款项"两个项目之间的差额大致确定企业向控制性投资提供的经营性资金的规模：合并报表小于母公司报表的差额就是控制性投资直接占用的资源规模。

考虑到母子公司之间比较复杂的资金与业务往来，以及会计处理过程中减值准备计提的状况等，我们通过这样确定的控制性投资所占用的资源规模

并不十分精准，但已经可以直观地反映出相关问题了。

9.4.1.2 控制性投资所撬动的增量资源

确定控制性投资所撬动的增量资源比较简单，只需要将合并资产负债表的资产总计与母公司资产负债表的资产总计进行比较就可以了：合并报表资产总计与母公司报表资产总计的差额就是控制性投资所撬动的增量资源。

9.4.1.3 控制性投资撬动资源的差异分析

在确定了企业控制性投资实际占用资源的规模和其所撬动的增量资源以后，就可以比较出企业对外控制性投资撬动效应的高低：有的企业用较少的控制性投资资源撬动了较多的子公司资源，有的企业则动用了大量的控制性投资资源，只撬动了较少的子公司资源。引起不同撬动效应的原因主要有：

（1）对子公司少数股东入资的吸纳能力方面的差异。在其他条件相同的情况下，如果能够吸纳更多的少数股东对子公司的入资，则一定的控制性投资所撬动的子公司资源就会相应提高。当然，投资方对子公司的持股比例也可能会相应下降。

（2）子公司在贷款方面的差异。在其他条件相同的情况下，如果子公司能够进行较多的贷款融资，则一定的控制性投资所撬动的子公司资源就会相应提高。当然，这种单纯的子公司贷款融资会增加子公司的融资成本，但不会对投资方对子公司的持股比例产生影响。

（3）子公司在利用商业信用方面的能力差异。在其他条件相同的情况下，如果子公司能够较多地利用商业信用，即有较强的"两头吃"的能力，在其流动负债中有大量的应付票据、应付账款以及预收款项，则一定的控制性投资所撬动的子公司资源就会相应提高。当然，这种子公司对商业信用的利用通常所导致的融资成本会较低。

（4）子公司在盈利能力方面的差异。在其他条件相同的情况下，如果子公司由于各种原因获得了利润，则子公司的资产容易提高。相应地，投资方所能够撬动的子公司资源也会比较高。

9.4.2 合并报表可以展示以上市公司为母公司所形成的纳入合并报表编制范围的企业集团所"存在"的资源规模及其结构

在上市公司较少进行经营活动、以对外股权投资为主的条件下,仅仅分析上市公司自身的报表难以分析企业的资产结构。此时,对合并报表的分析就十分重要。这就是说,透过合并资产负债表,母公司股东和管理层可以了解以母公司为控制方的企业集团的资源结构及其分布情况。

9.4.3 合并报表可以揭示内部关联方交易的程度

内部关联方是指以上市公司为母公司所形成的纳入合并报表编制范围的有关各方。内部关联方交易在进行合并报表编制时均须被剔除,在合并报表中不予反映。由此可推断,集团内部依赖关联方交易的程度越高,经过合并抵销后,相关项目的合并金额就应该越小。受关联方交易影响的主要项目有:应收款项、存货、长期投资、应付款项、营业收入、营业成本、投资收益等。

9.4.4 通过比较相关资源的相对利用效率来揭示企业集团内部管理的薄弱环节

可以通过比较合并报表与上市公司报表的固定资产、存货等项目的周转能力,了解在上市公司和上市公司以外的其他纳入合并报表编制范围的公司之间,哪一部分资产的利用效率更高一些。

9.4.5 通过比较母公司利润表和合并利润主要项目之间的差异,比较和评价母子公司的基本获利能力和费用发生的比较效率

通过比较两个报表的毛利率、营业利润率等指标的差异,可以确定母子公司基本的获利能力;通过比较各项经营性费用绝对额以及费用率,可以分析母子公司费用发生的特点与相对效率。

9.4.6 分析和判断以母公司为控制主体的整个集团与集团外的现金流转状况和资本运作状况

合并现金流量表中的经营活动现金流量净额、投资活动现金流量、筹资

活动中的子公司吸收的少数股东资本、贷款带来的现金流量等信息，为信息使用者分析整个集团与集团外所开展的经营活动、投资活动与资本运作活动以及税务环境等提供了条件。

【案例】从母公司报表与合并报表的资产结构对比判断公司集团的业务分布特征。2014年万科股份有限公司的合并报表与母公司报表的资产结构见表9-1。

表9-1 万科股份有限公司的合并报表与母公司报表的资产结构比较

单位：元

	合并报表		母公司报表	
	金额	占比	金额	占比
流动资产				
货币资金	62,715,253,376	12.34%	16,380,579,132	9.38%
衍生金融资产	36,404,523	0.01%		0.00%
应收账款	1,894,071,801	0.37%		0.00%
预付款项	29,433,125,589	5.79%	7,632,913	0.00%
其他应收款	48,924,463,697	9.62%	130,145,069,500	74.52%
存货	317,726,378,468	62.49%		0.00%
其他流动资产	4,076,000,000	0.80%		0.00%
流动资产合计	464,805,697,453	91.42%	146,533,281,545	83.91%
非流动资产				
可供出售金融资产	133,180,000	0.03%	106,060,000	0.06%
长期股权投资	19,233,657,358	3.78%	16,960,053,689	9.71%
投资性房地产	7,980,879,615	1.57%	3,660,350	0.00%
固定资产	2,308,351,663	0.45%	89,327,878	0.05%
在建工程	1,833,480,603	0.36%		0.00%
无形资产	877,547,482	0.17%		0.00%
商誉	201,689,836	0.04%		0.00%
长期待摊费用	338,999,043	0.07%		0.00%
递延所得税资产	4,016,200,315	0.79%	160,834,283	0.09%

续表

	合并报表		母公司报表	
	金额	占比	金额	占比
其他非流动资产	6,679,072,047	1.31%		0.00%
非流动资产合计	43,603,057,962	8.58%	17,091,447,186	9.79%
资产总计	508,408,755,416	100%	174,638,673,938	100%

在表9-1中，合并报表的主要资产为货币资金、付账账款、存货等流动资产，尤其是存货占比为62.49%。母公司报表的主要资产为其他应收款、货币资金与长期股权投资，其中其他应收款占比为74.52%，需要注意的是母公司资产结构中应收账款、预付账款、存货、投资性房地产、无形资产均为0。这说明母公司本身并不经营房地产开发具体业务，具体业务由其子公司开展，母公司只是开展投资业务，其资金一方面投资给下属企业，另一方面通过其他应收款提供给关联方使用。

参考文献

1. 张新民,王秀丽. 财务报表分析 [M]. 北京:高等教育出版社,2011.
2. 张筠. 企业资本结构和资产结构的对称性研究 [J]. 黑龙江科技信息,2010(12).
3. 梁琳. 财务报表粉饰行为的识别及其防范 [J]. 吉首大学学报:自然科学版,2010(2).
4. 吴瑜程. 现金流量表的粉饰与识别 [J]. 科技创业月刊,2006(1).